Herbert „Funki" Feurer

Peter Linden

Heitere Geschichten
hinter den grün-weißen Kulissen

VERLAG OSKAR BUSCHEK

In der heutigen Zeit ist der Fußball oft viel zu ernst und beinhart. Die Dinge, um die es dabei geht, hängen mir oft zum Hals heraus, mitunter kann ich sie schon nicht mehr hören: Gagen, Transfers, Resultate, Einschaltquoten, Erfolgszwang, etc., etc.
Das Menschliche rückt dabei leider immer mehr in den Hintergrund.
Wo rennt eigentlich der bekannte Fußballer-Schmäh? Im Verlauf einer Karriere erlebt man viele lustige Sachen – Schmankerl, tolle Aktionen, Superwuchteln und noch vieles mehr.

Die Idee zu diesem Buch kam mir genau dort, wo der Schmäh rennt. Nämlich an einem Stammtisch nach einem Match. Zuerst hab' ich mir den „Krone"-Fußballjournalisten Peter Linden als Autor gesichert, weil ich über Jahre mitgekriegt habe, dass er der bestinformierte „Schreiberling" in der ganzen Fußballszene ist. Mit diesem Buch wollen Peter Linden und ich die Fußballfans zum Schmunzeln bringen, frühere Größen wieder in Erinnerung rufen, den Mensch hinter dem Fußballer etwas zeigen.

Allein bei den Recherchen hatte ich mit meinen früheren Kollegen gemeinsam sehr viel zu lachen. Immer mehr alte Geschichten fielen einem ein, eines ergab das andere. Es gibt keinen, der nicht irgendeine lustige Story zu erzählen hatte, das können Sie mir glauben.

In diesem Sinne wünsche ich viel Spaß und möglichst viele Lacher mit den „Rapid-Wuchteln"!

Feurer Herbert

Impressum:
Herausgeber: Herbert Feurer

Für den Inhalt verantwortlich: Herbert Feurer, Peter Linden

Gestaltung: Manfred Ergott

Gesamtherstellung: Druckerei Oskar Buschek, Bahnhofstraße 28, 3830 Waidhofen an der Thaya

Bindung: G & G Buchbinderei, 2020 Hollabrunn

Bildnachweis: siehe Seite 156

1. Auflage 2000

ISBN 3-901331-18-2

INHALT:

Und dann gibt's a

Alfred Körner vor dem Büro der Alt-Internationalen im Hanappi-Stadion. Über der Tür hängen die Erinnerungen an den legendären Bimbo Binder.

DIE FÜNFZIGERJAHRE für Rapid – wirklich so etwas wie Superfünfziger: sechs Meistertitel, nie schlechter als Dritter, einmal 37 Spiele hintereinander ungeschlagen, in der Saison 1950/51 der sensationelle Torrekord von 133:40 in 24 Spielen. Viele sahen in Grün-Weiß damals sogar die beste Mannschaft in Europa, mit Walter „Tiger" Zeman im Tor, davor Merkel und Happel als Abwehr, Hanappi, Gernhardt und Gießer in der „Läuferreihe" sowie dem gefürchteten Sturm Robert Körner – Riegler – Dienst – Probst – Alfred Körner, speziell nach dem 6:1 gegen Arsenal in Brügge am 26. Mai 1953.

Legendär auch die taktischen Anweisungen, die Trainer Josef Uridil damals vor dem Match gab: ***„Burschen, ich hab' denen beim Gaberln zug'schaut, die hamma garantiert auf leiwand. Mir san elfe, die san elfe, geht's auße und haut's es eini. Und nachher gibt's dann a Sekterl!"***

Der „G'selchte" Robert Körner, der „Erfinder" des Stanglpasses

Sekterl!

KLAR, dass es für diese attraktive Mannschaft Einladungen en masse gab, sie überall ein gern gesehener Gast war. So unter anderem auch bei der Messe in Wels: großes Propagandaspiel Rapid gegen Vienna. Vor dem Match kam Viennas Kapitän Willi Hahnemann zu Alfred Körner: „Mach' ma eine Exhibition, spieln' ma 5:5!" Körners Antwort: „Na guat, ist in Ordnung, ich sag's meinen Mitspielern!" Und prompt hieß es 1:1, 2:2, 3:3 – aber dann 4:3 und 5:3 für Rapid. Nach dem Match kam ein ziemlich aufgebrachter Hahnemann zu Körner: „Fredi, seid's deppert, wir haben uns doch ein 5:5 ausgemacht!" Da mußte Körner eingestehen: ***„Das stimmt schon, aber leider haben wir vergessen, das auch dem Zeman zu sagen!"...***

BEI DEN AUSGEDEHNTEN TOURNEEN war jahrelang Robert Dienst der Zimmerpartner von Alfred Körner. Wenn es nicht genug Zimmer gab, musste ein Dritter in ein Doppelzimmer. Bei Körner und Dienst war es mitunter Verteidiger Franz Golobic. Der war mit Karl Gießer nach dem Match auf den Banketten für die Unterhaltung zuständig, hatte auch meist seine Zither mit – eine Art Anton Karas von Hütteldorf.
Eines Tages fragte Dienst Golobic: „Hearst, Gogo, kannst' auch im Finstern spielen? Ich glaub' des nicht!" Golobic fühlte sich in seiner Musikerehre gekränkt: „Na freilich, es zwei Trotteln, was glaubt's denn?" Dienst und Körner schliefen schon längst tief und fest – Golobic spielte aber noch immer auf der Zither!

Zitherkonzert bis zum Morgengrauen: „Gogo" Golobic.

Herr Pasterka in Montevideo

AUS DIESER ZEIT ranken sich auch um Ernst Happel viele, viele Geschichten und Wuchteln, die er in späteren Jahren als Trainer in geselliger Runde alle mit Vorliebe erzählte. Selbst in der Nacht nach seinem Europacupsieg mit dem Hamburger SV gegen Juventus Turin im Jahr 1983 unterhielt er damit im Hotel „Intercontinental" in Athen eine ganze Runde. Happel selbst konnte darüber herzlichst lachen. Etwa, dass er einmal in Istanbul aus Wut, weil er beim Tarockieren gegen die Mitspieler verloren hatte, die Spielkarten einfach ins Meer geschmissen hatte. Daraufhin ließen ihn die solange nicht mehr mitspielen, bis er brav „bitte" sagte ...

HAPPELS REVANCHE: Mitunter wurden auf langen Auslandsreisen die Koffer plötzlich viel schwerer. Des Rätsels Lösung: Ein Ziegelstein war eingepackt. Der Missetäter hieß „Aschyl". Hansi Riegler sah einmal bei der Abfahrt des Zuges zu einer Tournee seine Tasche, in der er einen Doppelliter Wein sorgfältigst verpackt hatte, auf dem Bahnsteig stehen. Riegler traf fast der Herzschlag – „Aschyl" grinste. Auch weil er vorher den Wein beiseite geschafft hatte. Auf Riegler hatte er es überhaupt abgesehen: Bei einem Freundschaftsspiel in Lüttich versteckte er ihm einen seiner Fußballschuhe in der Dusche. Riegler suchte und suchte, fand ihn nicht – erst fünf Minuten vor dem Anpfiff erlöste ihn „Aschyl".

Den Spitznamen verdankt Happel einer Rapid-Tournee nach Istanbul. Da war er zunächst einmal beim ersten Match total verblüfft, dass alles, was er machte, bei den türkischen Fans Jubelstürme hervorrief, selbst wenn er einem Türken die Faust zeigte. Nach dem Match stieg die Verwunderung noch, als Fotografen kamen und ihm Schlangen um den Hals hängten. Ein Zauberer mit auffälligen Glubschaugen versteckte Happel ein Hendl unterm Hemd. Plötzlich hörte der ein Piepsen unter seiner Achsel.
Als die Rapidler tags darauf den Zauberer im Kino sahen und feststellten, dass dieser eine gewisse Ähnlichkeit mit Happel hatte und „Aschyl" hieß, war alles gelaufen ...

Der „Aschyl" war immer für Einlagen gut, auch in Südamerika. Rapid-Tournee, Ankunft in Montevideo nach stundenlangem Flug. Am nächsten Tag Match gegen das Spitzenteam America. Trotz Einladungen von in Uruguay lebenden Landsleuten gingen die Rapidler schlafen – drei Mann aber nicht: Trainer Uridil, Happel und Zeman. Happel lebte in Südamerika gerne seinen Hang zum Hasardeur aus: Er wusste immer als Erstes, wo das Spielcasino war und interessierte sich erst dann für das Stadion. Er machte, egal ob in Uruguay, Argentinien oder Kolumbien, beim Kartenspielen mit den Einheimischen mit, obwohl er kein Wort verstand, die Regeln nicht kannte.

Eine Nacht hinter Gittern in Montevideo

DIE RIVALITÄT zwischen Rapidlern und Austrianern war auch in den Fünfzigerjahren sehr groß. Aber das änderte nichts daran, dass die Spieler sogar nach Derbys gemeinsam zum Heurigen fuhren. Zu Happels besten Freunden zählte der Austrianer Ernst Stojaspal, dem er vor Derbys mitunter drohte: „Wenn du dich traust, mir die Gurk'n zu geben, dann bring' ich dich um!" Die Gurk'n geben heißt in der Fußballsprache, den Ball dem Gegner zwischen den Beinen hindurchzuspielen ...

Happel besuchte Freund Stojaspal später fast jedes Jahr in seiner „Bar de Vienna" in Monte Carlo. Dabei machte er sich einmal bei der französischen Freundin von Stojaspal furchtbar unbeliebt, weil er ihr sagte: ***„Madame, Ihr Hund ist ein Bastard!"*** Seither war Happel der Buhmann, stand bei Madame auf der Watch List.

Bevor Uridil, Zeman und Happel das Hotel verließen, warnte sie noch der Portier, ein gebürtiger Wiener: „Passt's auf die Taxifahrer auf, die wollen ihre Kunden immer um's Ohr hauen, macht's euch vorher eine Summe aus!" Das versuchte das Trio – ohne Erfolg. Happel merkte rasch, dass der Taxler sie anfangs nur im Kreis herumfuhr, weil sie dreimal am Hotel vorbeikamen. Happel sagte nichts – erst am Ziel: „So viel gibt's, mehr nicht!" Ein Wort gab das andere, schließlich Handgemenge, bis die Polizei kam und das „Trio infernale" mitnahm ...

Die Rapidler reisten damals mit Sammelvisum. Also wurde von der Polizei im Hotel angerufen und nach den „Übeltätern" gefragt. Der „Trainero Uridil" war bekannt. Ebenso der „Portiere Zeman". Nur den „Señor Pasterka" fand keiner. Happel behauptete nämlich bei der Einvernahme, dass er Pasterka heißt. Da wurde der Polizeichef böse, verfügte: „Im Hotel ist ein Pasterka nicht bekannt, der muss über Nacht hierbleiben". Und so verbrachte Happel eine Nacht seines bewegten Lebens im Gefängnis von Montevideo ...

Ein Raubersbua von ganzem Herzen

ERNST HAPPEL kostete natürlich auch dem Betreuerstab Nerven. Nicht nur, weil er so sehr das Risiko suchte und liebte, dass er den Ball viel lieber mit dem Hintern stoppte, als ihn normal wegzuschießen. Bei der WM 1958 in Schweden, als er vor dem zweiten Match gegen die damalige UdSSR den Zapfenstreich bis halb drei Uhr früh überzogen hatte, rutschte Teamchef Josef Argauer der heute schon klassische Satz heraus: ***„Wenn du einmal Trainer wirst, wünsch' ich dir als Spieler einen solchen Raubersbua wie dich. Von ganzem Herzen!"*** Auch bei Rapid machten alle Beteiligten mit Happel mitunter einiges mit. Bei einem Freundschaftsspiel gegen die dänische Nationalmannschaft in Kopenhagen führte Rapid schon 4:0, als Happel plötzlich an der Outlinie auftauchte und dort mit Klubsekretär Rudolf Schick die Verhandlungen über die Prämien eröffnete. Dass die Dänen dies zu ihrem Ehrentor nutzten, war allen aber wurscht.

Als Trainer war Ernst Happel souverän, als Spieler mitunter ein Problemfall für die Trainer. Die vielen Happel-Auszeichnungen waren natürlich eine Fundgrube für die Karikaturisten – diese von Hubert Schorn traf genau Happels Geschmack, wie er ÖFB-Boss Beppo Mauhart verriet.

Elch-Geweih in

NOCH ÄRGER war es aber bei einem Freundschaftsspiel Rapids in Paris. Mitten im Match begannen sich Happel und Max Merkel verbal fürchterlich zu befetzen. Minutenlang wollte das kein Ende nehmen. Auf einmal hatten beide genug, wollten schwer beleidigt das Spielfeld verlassen. Merkel auf der rechten Seite, Happel auf der linken. Trainer Hans Pesser und Sektionsleiter Franz „Bimbo“ Bin-

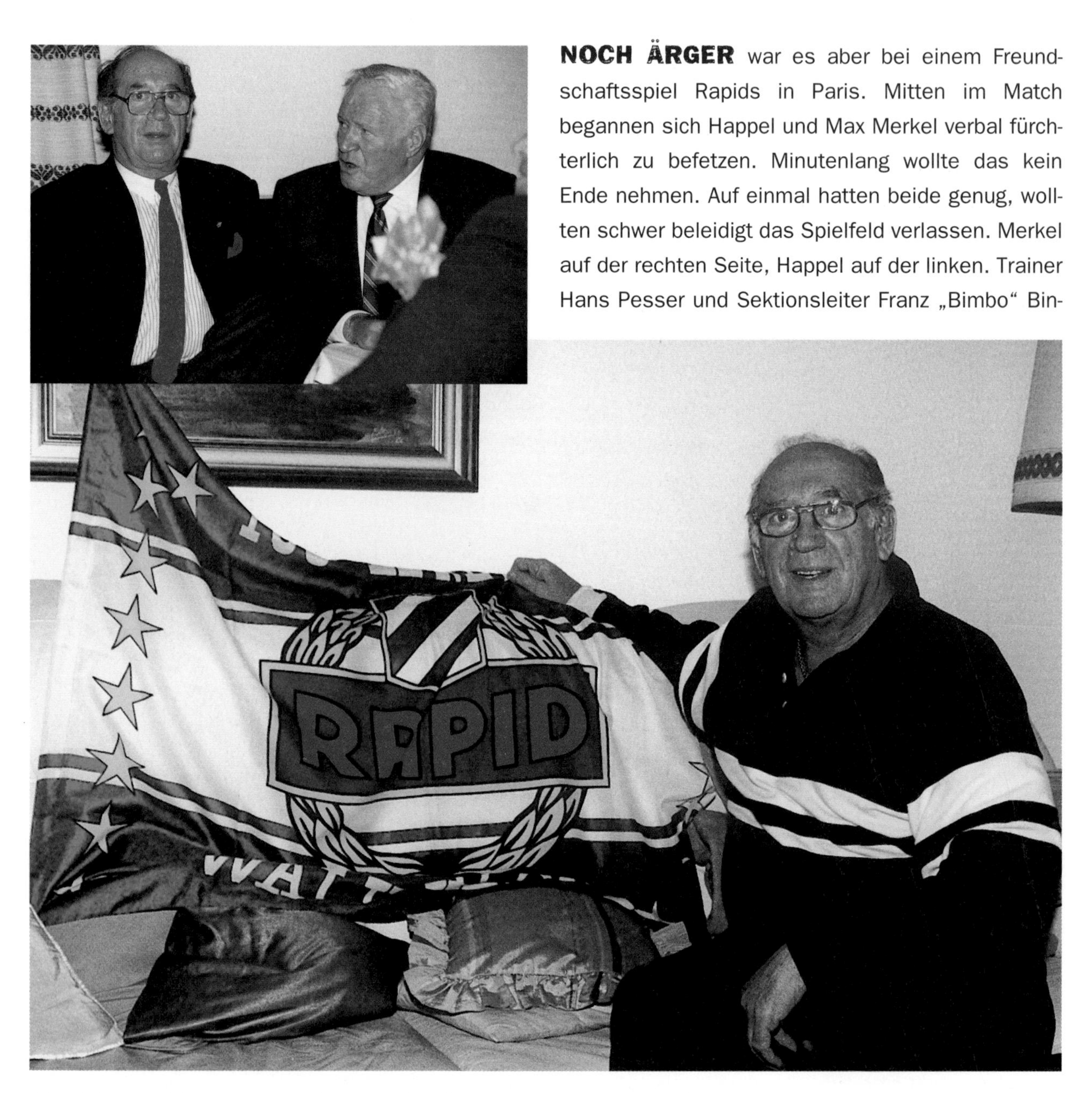

Max Merkel 2000 mit Rapid-Fahne daheim in Putzbrunn bei München und beim Plausch über Erinnerungen an früher mit dem legendären Rapid-Masseur Pepi Ullrich.

Purkersdorf

der rauften sich die Haare – aber schließlich spielten Happel und Merkel doch weiter. Nicht ganz freiwillig, wie Merkel heute zugibt: ***„Der Pesser Schani muss etwas geahnt haben, er hat nämlich vorher die Kabin' abgesperrt und den Schlüssel auf die Bank mitgenommen!"***

NACH DER WM 1958 war Rapid noch auf Schweden-Tournee. Als Andenken wurde der Mannschaft nach einem Match in Kiruna ein riesiges Elch-Geweih überreicht. Der damals jüngste Spieler, Walter Glechner, wurde auserwählt, für den Heimtransport zu sorgen. Er musste zwei Wochen auf das Elch-Geweih aufpassen – oft im Schweiße seines Angesichts. Vor allem auf den vielen Fahrten in den engen Zügen war das Riesengeweih nicht leicht zu transportieren, ging einigen Kollegen schon auf die Nerven, speziell gegen Ende der langen Heimfahrt von Schweden nach Wien. Das Geweih steckte im engen Zuggang fest, konnte nicht mehr von links nach rechts bewegt werden, versperrte den Weg. Da war Happel zirka in Höhe Purkersdorf das sorgsam gehütete Andenken an Kiruna völlig egal. Er setzte sich energisch darauf, hutschte so lange resolut herum, bis das Riesengeweih ab- und zerbrach. Die Teile des Geweihs warf er dann einfach aus dem Zugfenster. Rätselhafte Geweih-Funde entlang der Westbahn, zwischen Purkersdorf und Hütteldorf-Hacking ...

Walter Glechner, der Hüter des Elch-Geweihs.

Zeman als „Opfer" für die Karikaturisten – als Tiger mit den tausend Armen!

Nach Mitternacht nur Champagner

Zimmerpartner Ernst Happels war über alle Jahre bei Rapid Walter Zeman. Mehr noch – der Tormann war Happels Busenfreund. Eigentlich waren sie nur durch Happels 26 Jahre im Ausland getrennt. Acht Jahre spielten sie zusammen, gewannen sehr viel, feierten die vielen Titel gebührend. Zemans Leitspruch: ***„Nach Mitternacht trinkt der Tiger nur Champagner!"*** Happel und Zeman, der tschechische Vorfahren hatte, galten als unzertrennliches Paar, inner- und außerhalb des Spielfelds. Die Freundschaft hielt schon einigen Belastungen stand.

Zeman war sehr schnell, leichtathletisch durchgebildet, hatte sensationelle Reaktionen und Reflexe – aber er war kein guter Fußballer, hätte daher bei der heutigen „Rückpassregel" seine Probleme. Alfred Körner erinnert sich: „Normalerweise muss der Tormann alles dirigieren. Aber bei uns hat der Happel den Zeman dirigiert, hat gebrüllt: ‚Wäudl ausse, Wäudl bleib!' – und so weiter. Wenn Zeman einmal patzte, was auch jedem Superkönner einmal passieren kann, brüllte ihn nachher Happel in der Kabine nicht nur einmal an: ***„Wäudl, was willst du sein? Der Panther von Glasgow, der Tiger von Budapest? Das Arschloch von Hütteldorf bist!'"*** Panther von Glasgow und Tiger von Budapest wurde Zeman wegen seiner Prachtpartien in der Nationalmannschaft beim 1:0 in Schottland und dem 1:1 in Ungarn getauft. Das war Happel egal – die besten Rapid-Freunde redeten ziemlich deftig miteinander.

Nochmals Alfred Körner: „Aber da war wirklich nichts Bösartiges dabei!"

ZEMAN musste bei Happel auf so ziemlich alles gefasst sein, egal ob im Nationalteam oder bei Rapid. Beim letzten Probespiel vor der Weltmeisterschaft 1954 ließ der damalige Teamchef Edi Frühwirth auf dem Innsbrucker Tivoli gegen eine Tiroler Auswahl nur die B-Garnitur beginnen. Nach der Pause begannen die Zuschauer zu murren, riefen nach Happel, Ocwirk, Hanappi, den Körners, etc., konfiszierten sogar den Ball. Da schickte Frühwirth die erste Garnitur aufs Feld. Beim Stand von 12:0 schien es Happel fad zu sein. Er sagte zu Ocwirk: „Spiel mir den Ball zurück, ich hau' dem Tiger einen rein!" Happel bekam den Ball, rannte Richtung eigenen Strafraum, zog mit links ab. Und wirklich – der Ball ging via Innenstange ins Tor. Der perplexe Schiedsrichter verwarnte (!) Happel, in der Kabine machte ihm Zeman Vorwürfe: „Wenn'st ein Tor schießen willst, geh' nach vor in den Angriff. Normal hätt' ich den Schuss mit dem Kappl gehalten!" Darauf Happel: ***„Sei froh, dass ich dich net am Kopf erwischt hab', sonst wärst du tot gegangen!" ...***

Auch eine gerissene Hose am Wacker-Platz in Meidling brachte Walter Zeman nicht in Verlegenheit – rasch orderte er eine neue.

Vorher gab's auch auf der berühmten Pfarrwiese eine ähnliche Happel-Einlage. Vor dem letzten Spiel der Saison 1953/54 gegen den WAC stand Rapid bereits als Meister fest. Beim Stand von 4:4 übernahm Happel knapp vor Schluß eine Flanke in den Rapid-Strafraum volley, der Ball landete unhaltbar für den perplexen Zeman im Kreuzeck. Happel ging in Richtung des berühmten Tunnelgangs zu den Kabinen, rief aber Zeman noch zu: „Hearst, Böhmischer, den Schuss hätt' ich mit dem Kappl rausgehaut!" Und als ihn die Reporterlegende Heribert Meisel zu dem Zwischenfall befragte, antwortete Happel lachend: ***„Ich muss ja unseren Anhängern auch etwas bieten."***

Gemeinsam durch dick und dünn: Zeman und Happel beim Heurigen.

Die Kartenspieler von Maracaibo

Die damals üblichen langen Tourneen benutzten die arrivierten Stars wie Zeman, Happel oder die Körners meist als Urlaub, ließen es sich gut gehen, lagen in der Sonne, ließen die nachkommenden Talente ihre Sporen verdienen. Aber wehe, die Jungen „spurten" nicht, machten Schwierigkeiten. Wie am Flughafen Maracaibo in Venezuela. Die Rapidler warteten auf den Weiterflug nach New York.

Rudi Flögel und Walter Skocik vertrieben sich die Zeit mit Kartenspielen. Dabei waren sie in ihre Kartenduelle so vertieft, dass sie die wiederholten Aufrufe für die Passagiere der Maschine nach New York ignorierten: *„Das sind wir noch nicht"*, beruhigte Flögel Skocik. Erst als ein wildfremder Mann Flögel auf die Schulter klopfte, auf die Rollbahn zeigte, wo die anderen Rapidler gerade in die Maschine kletterten, reagierten beide. Und wie. Im „Galopp" über die Absperrung, ein Sprint quer über das Rollfeld zum Flugzeug, wo gerade die Gangway weggeschoben wurde – heute wäre das alles unmöglich. Für Skocik und Flögel wurde das Flugzeug dann nochmals geöffnet – beide mussten sich aber von Walter Zeman einiges anhören ...

Rudi Flögel und Walter Skocik als junge Hoffnungen Rapids auf großer Fahrt durch Südamerika mit berühmten Namen wie Walter Zeman und Pauli Halla (rechts). Von Zeman gab's aber nach der Maracaibo-Nummer „Schimpfer".

Zum Teil in abenteuerlichen Maschinen quer durch Mittel- und Südamerika unterwegs war Grün-Weiß Ende der Fünfzigerjahre und später. Unten auf der Gangway Karl Giesser. Walter Skocik wirkt sehr zuversichtlich.

Keine Post in

DIE GLORREICHEN SECHZIGER bei Rapid – das heißt vier Meistertitel für die Generation um Glechner, Hasil, Skocik, Flögel, Bjerregaard, etc., dazu noch den Jahrhunderttriumph im Europacup, als 1969 in der zweiten Runde des Meistercups gegen das berühmte Real Madrid im Bernabeu-Stadion mit einer 1:2-Niederlage der Aufstieg gelang. In den Sechzigerjahren ging es nicht total ernst zu – da blieb immer viel Zeit für den Schmäh'. Damals standen noch die meisten weiblichen Besucher auf der Pfarrwiese hinter dem Tor, behauptet zumindest Ludwig „Vickerl" Huyer, Anfang der Sechzigerjahre der Nachfolger von Walter Zeman zwischen den Pfosten. Denn: „Die Torhüter waren bei Rapid immer die Feschesten!" Laut Huyer gab's damals in der Pause sogar wahre Völkerwanderungen in Grün-

In den Sechzigerjahren gab's nicht nur im Fasching bei Rapid genug zum Feiern: Rudi Flögel mit schickem Kappl an einem Tisch mit Helmut Maurer.

Amerika

Weiß von einem Tor zum anderen, weil die Frauen unbedingt hinter ihm, damals noch unverheiratet, stehen wollten.

IN DIESEN JAHREN überreichten die Routiniers den jüngsten Spielern bei ihrem Premierenflug noch die „Mickey Mouse"-Hefteln zum Lesen, für die normalen Tageszeitungen waren sie noch nicht „reif" genug. Heute wäre es auch undenkbar, dass einer am Vormittag Brautführer bei der Hochzeit eines Mitspielers (Huyer bei Franz Wolny) ist, es sich mittags beim Hochzeitsessen gut gehen lässt und dann nachmittags noch in der Reserve spielt. Da floss schon beim Aufwärmen der Schweiß in Strömen, worauf sich Sektionsleiter Franz „Bimbo" Binder sogar zu einem Extralob genötigt sah: „Schaut's euch den Vickerl an, wie der schwitzt. Da sieht man gleich, dass er unbedingt wieder zurück in die Erste will!" Huyer: ***„Hätt' ich ihn damals angehaucht, wäre der Herr Binder garantiert fett gewesen!" ...***

Wenn sich die „Helden" von damals in späteren Jahren wiedersehen, fliegen noch immer die „Wuchteln". So kam eines Winters Toni Fritsch aus seiner neuen Heimat Texas zu einem kurzen Heimaturlaub nach Wien, schaute beim damaligen Nachwuchszeugwart Huyer im Hanappi-Stadion vorbei. Der begrüßte ihn mit: „Toni, ich hab' dich sofort kennt!" Der fragte ahnungslos zurück: „Wieso? Woran?", und lief damit voll ins „offene Messer", denn Huyer antwortete todernst: ***„Am Wintermantel, den tragst' ja schon dreißig Jahr'!"***

Keine Post aus Wien – da griffen Rudi Flögel (links) und Roman Pichler zum Telefon

ANFANG DER SECHZIGERJAHRE gehörten Tourneen nach Amerika bei Rapid zum guten Ton. Im Sommer 1961 waren die Rapidler fünf Wochen unterwegs. „Postwart" war Vickerl Huyer, verantwortlich für die Verteilung der Post, die aus der Heimat an die Spieler geschickt wurde.
Rudi Flögel hatte kurz vor dem Abflug seine spätere Frau Hertha kennengelernt, war jung und schwer verliebt. Alle bekamen Post, nur Flögel nicht, die hielt Postwart Huyer zurück. Mit der Begründung: „In einigen Wiener Bezirken streikt leider die Post!" Flögel glaubte es, war aber trotzdem fix und fertig. Also bekam er eine Woche vor der Rückreise auf Befehl von Sektionsleiter Ernst Happel die gesammelte Post, war im nächsten Match prompt der beste Mann am Platz ...

In den Straßen von New York waren die Rapidler in den Sechzigerjahren einige Male unterwegs – es war immer ein Erlebnis. Links: Walter Skocik (Mitte) mit dem leider schon verstorbenen Walter Seitl (links) und Peter Reiter auf der Fahrt zur Freiheitsstatue. Rechts als gefürchtete „Straßengang" Huyer, Seitl, Skocik, Wolny, Wolfsbauer, Flögel und Milanovic

Tulpen aus Amsterdam

BEIM RÜCKFLUG aus den Staaten war in Amsterdam Zwischenstation. Flögel kaufte seiner Hertha einen Riesenstrauß der berühmten Tulpen aus Amsterdam. Auf die scherzhaften Bedenken seiner Mitspieler, dass die Hertha womöglich nicht die richtige Vase für eine derartige Menge an Tulpen habe, reagierte er fix: Er kaufte noch eine Riesenvase dazu. Am Flughafen in Schwechat wartete aber nicht nur die spätere Frau Flögels, sondern auch Mutter und Tante. Die Tulpen mussten aufgeteilt werden ...

UNVERGESSLICH blieb für Rudi Flögel auch, wie ihm Sektionsleiter „Bimbo" Binder einmal schonend beizubringen versuchte, dass er nicht spielte: Mittagessen vor dem Match in der gefürchteten Grazer „Gruab'n" gegen Sturm. Anpfiff um 14 Uhr, daher gab's mittags nur eine Suppe. Zu Flögel sagte Binder: ***„Rudl, du kannst' ruhig a Schnitzl essen!"*** Das hieß so viel wie: „Du spielst nicht!" Aus Protest bestellte sich Flögel tatsächlich ein Schnitzel – aber geschmeckt hat's ihm wirklich nicht.

Pistoleros in São Paulo

SÜDAMERIKATOURNEE, Rapid zu Gast in São Paulo: Walter Skocik und Gustl Starek, damals Zimmerpartner, beschlossen, zu einem Einkaufsbummel aufzubrechen. Starek hatte es plötzlich ein Waffengeschäft angetan. Nach einem Blick in die Auslage beschloss Starek: „Da kauf' ich mir was!" Also nichts wie hinein ins Geschäft. Starek erstand einen kleinen „Trommler". Nur zwanzig US-Dollar musste er dafür hinlegen – ein Trommelrevolver um 500 Schilling, geradezu eine Okkasion. Und Skocik legte nach: „Na und, Material willst' nicht dazu kaufen?" Drei Dollar wechselten den Besitzer – damit war auch die Munition gesichert.

Vor dem Geschäft waren sie sich einig: Jetzt müssen wir den Revolver ausprobieren! Also nichts wie in eine kleine Nebenstraße, Pistole geladen – und einige Schüsse in den Boden. Es krachte fürchterlich. Nur übersahen die Pistolenhelden, dass mittlerweile ein Radfahrer vor ihnen fuhr. Starek: „Den hätt's vor Schreck fast vom Radl g'haut. Der hat glaubt, wir schießen auf ihn!"

Den Trommelrevolver aus São Paulo hat Starek heute noch. Als ihn Skocik unlängst bei seinem 60. Geburtstag danach fragte, versprach ihm Starek: ***„Den schenk ich dir zu deinem Siebziger!"***

Zuerst Abkühlung im Hotel-Swimming-Pool, dann auf zum Shopping. Gustl Starek (Bild oben – dritter von rechts) erstand einen Trommelrevolver, andere kamen mit neuen Hüten zurück nach Wien: Peter Reiter, Walter Skocik, Branko Milanovic, Rudi Flögel und Ludwig Huyer (von links).

„Has“ auf Wal

NÄCHSTE STATION nach Brasilien war Kolumbien. In Cali waren die Rapidler Gast auf einer Hazienda. Ein gemütlicher Nachmittag – alle in Badehosen um den Swimming-Pool herum. Es gab auch etwas Tequila – dann kamen Pferde zum Reiten. Der lange Tormann Roman Pichler saß lässig mit einer Gitarre auf einem „Pony-Verschnitt“, seine langen Beine schleiften fast am Boden. Als das kleine Pferd aber an einem Brunnen stehen blieb, sich nach vorne beugte, um Wasser zu trinken, flog Pichler samt Gitarre aus dem Sattel.

Noch dramatischer der Zwischenfall von Poldl Grausam: Er konnte sein Pferd nicht bändigen. Das drehte einfach nach hundert Metern wieder um und trabte mit Grausam in den Stall zurück.

Den Höhepunkt lieferte aber Franz Hasil: Der bekam einen feurigen, schwarzen Wallach, lehnte es ab, sich anzuziehen, wollte nur mit Badehose ausreiten. Kaum saß der „Has“ am Wallach, ging das Pferd mit ihm durch, als er noch nicht einmal die Zügel in der Hand hatte. Es sprang über ein

In Badehose am Pferd: für Walter Seitl und Walter Skocik gab's dabei in Cali keine Probleme. Bei anderen hingegen schon. Bei Franz Hasil wurde es zu einem dramatischen Zwischenfall.

ach in Cali

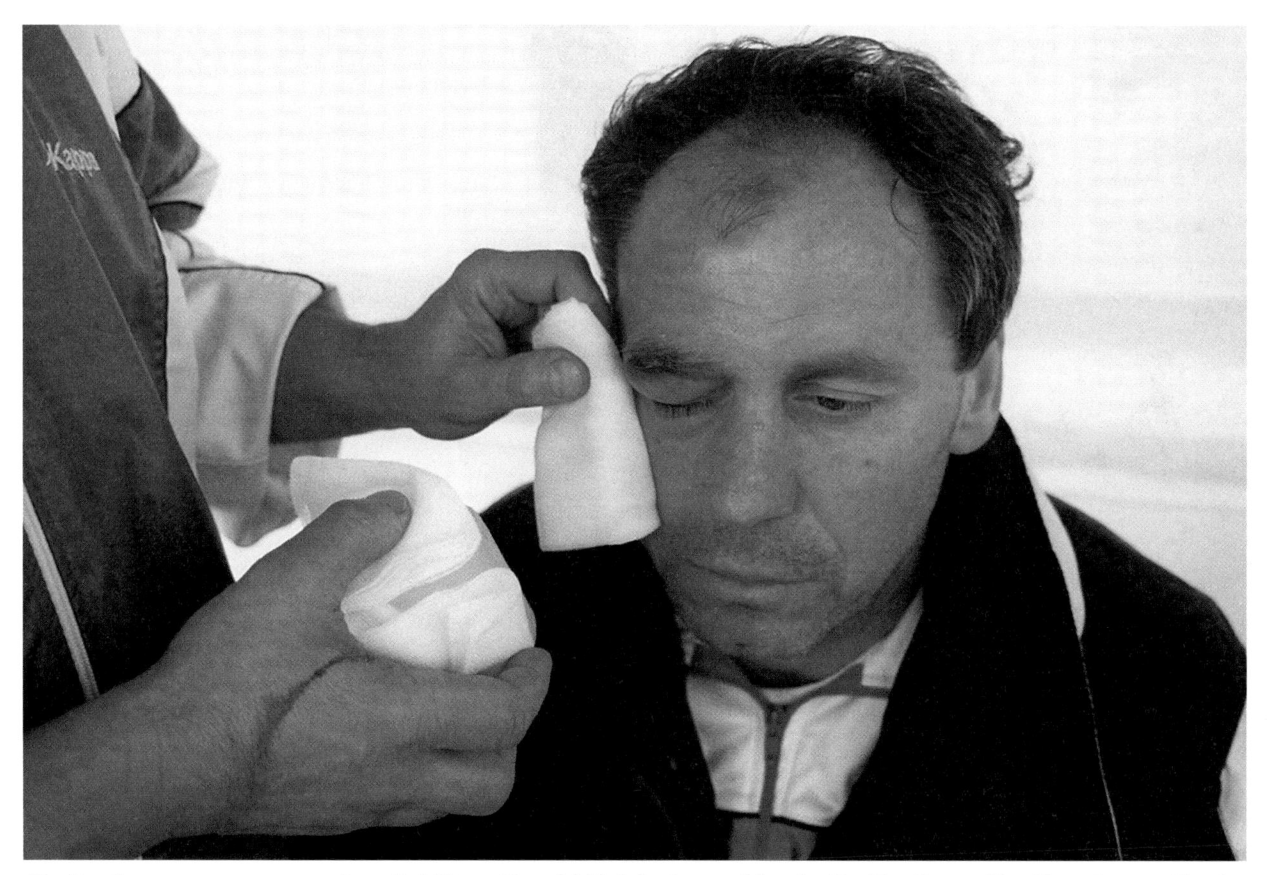

Als Regisseur muss man den richtigen Durchblick haben – hier hatte ihn Franz Hasil verloren. Nach dem Husarenritt auf einer kolumbianischen Hazienda hätte er auch fast medizinische Hilfe – so wie hier als Trainer in der Vorbereitungszeit – benötigt.

Hindernis und galoppierte in den Wald, quer durch das Gebüsch. Der Wallach wollte den „Has" abwerfen, aber der klammerte sich mit beiden Händen am Hals fest, lag praktisch auf dem Pferd. Irgendwie schaffte er es, oben zu bleiben. Nach zehn Minuten resignierte der Wallach, kam mit Hasil aus dem Wald zurück. Den erinnerte ein total zerkratzer Oberkörper an seinen Teufelsritt durch die „Pampas". Und abends kamen noch Blutergüsse an den Innenseiten der Oberschenkel dazu.

Hasil behauptet aber bis heute, zum Unterschied von Augenzeugen, dass er ohne Pferd aus dem Wald zurückgekommen war. Aussage steht gegen Aussage ...

Weihnachtsfeier bei Rapid irgendwo in Südamerika im Hotel. Der Christbaum durfte trotzdem nicht fehlen. Vordere Reihe von links: Höltl, Gebhardt, Seitl, Flögel, Fak, Fritsch. Mittlere Reihe: „Bimbo" Binder, Robert Körner, Glechner, Rapid-Arzt Ossi Schwinger, Schmid, Starek, Grausam, Ullmann und Rehnelt. Ganz hinten beim Christbaum: Skocik und Veres.

AN DAS WEIHNACHTSTURNIER in Cali erinnert sich Walter Glechner noch heute – wegen eines Ausspruchs von „Bimbo" Binder. Als diesen ein Dolmetsch fragte, ob der Autobus am nächsten Tag wieder kommen solle, um die Mannschaft zum Training zu bringen, nickte Binder, sagte: ***„Ja, tomorrow um halba drei."*** Zur Zusatzfrage, ob man einen Bus mit Air Condition wolle, brummelte Bimbo: ***„Wozu Air Condition? Kondition hamma selba!"***

Eine weitere unvergessliche Cali-Anekdote: Eine Spielerbesprechung am Heiligen Abend, bei der Franz Hasil unbemerkt einschlief ...

ZUM ZEITVERTREIB gingen die Rapidler damals in ein Lokal, in dem auch ein Billardtisch stand. Sie waren überrascht, als sich plötzlich Kolumbianer „anschlichen", ihnen beim Billardspielen zuschauten und sich genau erkundigten, woher sie kamen, in welchem Hotel sie wohnten, auf welchem Stock und noch einiges mehr. Alle wunderten sich, warum sie plötzlich so interessante Personen in Kolumbien waren. Des Rätsels Lösung sahen sie, als sie eines Tages vom Billard zurückkamen: Ihre Hotelzimmer waren ausgeraubt. Von allen fehlte irgendein Stück. Am besten kam Rudi Flögel davon: Bei ihm ließen die Kolumbianer nur seinen Kamm mitgehen ...

Ursus und sein Keilriemen

Irgendwann gingen die Rapidler in Südamerika auch ins Kino. Da spielte ein Herkules-Typ namens Ursus mit. Darauf nannte sich der „Wembley-Toni“ Fritsch nur noch Ursus. Was einigen Mitspielern, etwa Ewald Ullmann, gar nicht gefiel. Also gab's die „Deck'n“ für den Ursus. Die Deck'n – da wird dem „Opfer“ von hinten eine Decke über den Kopf gezogen, es zu Boden gedrückt, die Hose ausgezogen. Besonders grausame Sadisten bearbeiten das nackte Hinterteil intensivst mit Badeschlapfen, bei einer normalen „Deck'n“ wird das Hinterteil nur mit schwarzer Schuhcreme gründlich angestrichen. Um wieder alles zu säubern, bedarf es einiger Mühe, mitunter kräftigen Abschrubbens mit der Bürste. Dementsprechend litt ein „Deck'nopfer“ danach meist unter einem roten Hinterteil à la Pavian ...

Erinnerungen an ein Match, bei dem „Ursus“ Toni Fritsch sein Keilriemen nicht gerissen war – zwei Tore zum legendären 3:2 über England in Wembley. Daran erinnern sich 20 Jahre später im Wiener Prater mit der englischen Flagge Franz Hasil, Hans Krankl (der 1965 begeistert vor dem Fernseher gesessen hat), Hans Buzek, Waschi Frank, Englands Teamkapitän Bobby Moore, der „Wembley-Toni“ und Adi Macek (von links).

Auch als Freekicker im US-Football war der „Ursus“ erfolgreich – Autogrammkarten waren in Texas heiß begehrt.

Der Spitzname „Ursus“ blieb Fritsch auch nach der Rückkehr aus Südamerika. Als der Rechtsaußen bei einem Rapid-Meisterschaftsspiel in Innsbruck zunächst einem Lochpass von Gustl Starek nachlief, dann abrupt stehen blieb, rief der verärgerte Starek: „Ursus, was is?“ Daraufhin Fritsch zurück: ***„Was soll ich machen, Gustl? Mei' Keilriemen is g'rissen!“*** So kann man eine Oberschenkelzerrung auch beschreiben ...

DAS TRIUMVIRAT DER ROUTINIERS – Walter Glechner, Walter Skocik und Rudi Flögel – führte damals die Prämienverhandlungen für den Europacup. Eines Tages saßen sie im alten Sekretariat am Urban Loritz-Platz mit den Bossen Heinz Holzbach und Fritz Grassi zusammen, die Köpfe rauchten. Plötzlich klopfte es, die Tür ging auf und mit Günther Kaltenbrunner kam der nächste Spieler herein. Skocik: „Ja, was machst denn du da?“ Kaltenbrunners kurze Antwort: „Ich bin da auch dabei!“ ...

Erholung vom beinharten Prämienpoker: Rudi Flögel, Walter Glechner, Jörn Bjerregaard und Walter Skocik beim Zielschießen.

Heisse Dusche und Karaw

ENDE DER SECHZIGERJAHRE gab's auch ungewöhnliche Dinge. Da wurde der berühmte Karl Rappan aus der Schweiz als technischer Direktor geholt. Er hatte sonderbare Ideen. So befahl er vor dem Auswärtsspiel gegen den Aufsteiger VOEST in Linz, statt des normalen Aufwärmens vor dem Spiel eine heiße Dusche. Zehn Minuten sollten die Spieler unter den dampfenden Wasserstrahlen stehen. Als Torhüter Gerald Fuchsbichler schon nach vier Minuten rauskam, drängte ihn Rappan wieder zurück: „Es ist noch nicht genug". Das Match wurde zur kalten Dusche – Rapid verlor mit 0:1.

Vor einem Europacupspiel gegen Eindhoven war Rapid in Neuwaldegg, in der Sportpension Milanohof, kaserniert. Plötzlich gab's nichts zum Essen, nur ungesalzene Suppe und Hagebuttentee! Also wurde Toni Fritsch ausgeschickt, um etwas zum Essen zu organisieren. Er kam mit 30 Wurstsemmeln zurück. Auch das half nichts – Rapid verlor 1:2.

NACH KARL RAPPAN, mit dem Rapid sogar in Abstiegsgefahr geriet, kam der Kärntner Gerdi Springer, der es liebend gerne hörte, als „Karawanken-Herrera" bezeichnet zu werden. Er legte sich gleich von Beginn an mit verdienten Spielern wie Glechner und Flögel an, verbot fast alles – sogar die Zigarette nach dem Essen untersagte Marlboro-Raucher Springer. Alle waren sauer. Vor dem Hoteleingang machte Flögel gegenüber Glechner seinem Ärger Luft: „Was glaubt denn' der g'scherte Trottel, wer er denn ist, dass er uns alles verbietet?" Daraufhin

Lachen ohne Ende über G'schichten aus der Gerdi-Ära: Rudi Flögel mit Ernst Dokupil. Flögel war einmal auch Dokupils Trainer bei Simmering. Böse Zungen behaupten, dass er sich bis heute davon nicht mehr erholt hat.

ken-Herrera

ertönte aus einem Fenster im ersten Stock in schrillem Kärntner Dialekt: ***„I bin ka' g'scherter Trottel. Sofort rauf zur Besprechung!"*** Und vor versammelter Truppe zeterte Gerdi: ***„Fleeegel und Gleeechner, ihr habt's schon viele ins Grab gebracht. Euch bring' i ins Grab!"***
Verständlich, dass von da an Kleinkrieg zwischen Springer und den arrivierten Grün-Weißen herrschte. Springers Trainingsmethoden waren für sie eine Qual. Bei einem Trainingslager im slowakischen Bad Pystian riss er bei brütender Hitze von einer Föhre einen Zweig ab, kündigte an: „So viele Nadeln da drauf sind, so viele Runden rennen wir!" Und: ***„Wir fahren erst wieder weg, bis wir eine Furche in diesen Wald gelofen hab'n!"***

DIE SPIELER ließen sich aber nicht alles gefallen. Als nach einem Freundschaftsspiel in der Tschechoslowakei schon alle im Bus saßen, Springer aber noch vor der Kantine endlos diskutierte, sagte Glechner zum Busfahrer: „Vamos, vamos!" Das wienerische „Geh' ma" auf spanisch! Der Bus fuhr langsam weg – Springer musste nachlaufen, fluchte fürchterlich in Kärntner Urtönen: ***„Katandl'n, nutzlose Wichte!" ...***
Auch für seine taktischen Besprechungen erntete Springer Kopfschütteln. Als er wieder einmal ***„Das Mittelfeld is wie Wosser, da schieß' ma' drüber"*** als sein Credo verkündete, protestierte Flögel: „Und wozu sind dann wir Mittelfeldspieler da?" Gerdi, außer sich vor Wut, brüllte: „Von dir möcht' ich einmal sehen, dass du mit dem Ball ins Tor fliegst und ein Gegner dir den Fuß abreißt!" Flögels Konter: „Darauf werden's lang warten müssen!"

„So wird's gemacht, ihr Katandl'n!" Ganz wurde dem ehemaligen Eishockey-Teamspieler Gerdi Springer auf der Pfarrwiese nicht geglaubt.

Ein Schweinsbra

DIE SIEBZIGERJAHRE waren für Rapid zwar mitunter wild – aber leider nicht sehr erfolgreich. Zwar betrat der spätere „Jahrhundert-Rapidler“ Hans Krankl erstmals die Szene der Kampfmannschaft, nach ihm noch einige wilde Typen, darunter auch Buchautor „Funki“ Feurer, aber die großen, spektakulären Erfolge blieben aus. Kein Meistertitel in diesem Jahrzehnt, für einen Rekordmeister fast eine Schande. Im Europacup war die dritte UEFA-Cup-Runde in der Saison 1971/72 das Höchste der Gefühle. Aber auch die sorgte für einen Minusrekord, weil zum Heimspiel gegen Juventus Turin bei Schnee, Eis, Wind und Minusgraden nur knapp 1000 Zuschauer ins Praterstadion gekommen waren. Als Trost blieben zwei Cupsiege 1972 und 1976. Für den Zweiten musste eine grün-weiße Legende aus der Pension geholt werden: Franz „Bimbo“ Binder!

t'l für's Krafter'l!

AUS SEINER AKTIVEN ZEIT gibt's die tollsten Geschichten. Zu Beginn seiner Rapid-Spielerära, Anfang der Dreißigerjahre, fuhr er fast täglich mit dem Personenzug von seiner Heimatstadt St. Pölten nach Wien. Mit einem Bummelzug, der bei fast jedem Misthaufen auf der Strecke halt machte, in der dritten Klasse, die er „Buche-Eiche" nannte. Nur diese Personenzüge blieben damals im kleinen Bahnhof Hütteldorf-Hacking stehen. Aber kaum schoss der junge Binder für Rapid Tore in Serie, womit er zum Liebling der Fans avancierte, stoppten die Fahrdienstleiter auch die Schnellzüge in Hütteldorf-Hacking, wenn sie wussten, dass der Kanonier im Zug war oder nach St. Pölten zurück wollte.

1938 übersiedelte Binder nach Wien. Die Wohnung lag zwischen zwei Stationen der Straßenbahnlinie 49. Wenn die Fahrer Binder sahen, verlangsamten sie vor dem Wohnhaus das Tempo, damit er auf- oder abspringen konnte ...

DEN SPITZNAMEN „BIMBO" bekam er, ähnlich wie viele Jahre später Ernst Happel seinen „Aschyl", im Kino. Bei der Anreise zu einer Nordafrika-Tournee saßen die Rapidler in Marseille im Kino, sahen sich den Film „Der Wirbelsturm" an. Darin musste ein Farbiger durch die Wüste laufend eine Nachricht überbringen. In Größe und Laufstil erinnerte der Darsteller an Rapids Torjäger. Aus der für sie fremden französischen Sprache konnten Binders Mitspieler, die sofort „Schaut's, da rennt ja der Lange" feststellten, doch heraushören, dass der Läufer „Bimbo" hieß. Daraus wurde Binders Markenzeichen ...

1934 FÜHRTE WACKER gegen Rapid auf der Pfarrwiese 5:1. In der Dusche traf Binder den triumphierenden Ex-Rapidler im Wacker-Dress, Schramseis. Der sagte: „Na, Langer, heut hab' i die Brems'n schon in der Tasche". Mit „Brems'n" war die Siegesprämie gemeint.
In der zweiten Hälfte drehte Rapid alles um – sechs Tore, Wahnsinnsspiel, am Ende 7:5 für Rapid! Da ging nachher in der Dusche Bimbo zum deprimierten Schramseis: ***„Leider hat ein Zipferl deiner Brems'n noch aus der Tasche g'schaut. Da hab' i dir's halt wieder außeziagn müss'n!" ...***

ZU DEN AKTIVEN ZEITEN „BIMBOS" waren wissenschaftliches Training oder spezielle Ernährung noch Fremdworte. Nicht mehr zu der Zeit, als Binder 1975 Rapids Notruf ereilte. Wieder als trainierender Sektionsleiter, wieder mit dem „G'selchten", wie er seinen Freund Robert Körner auf Grund seiner hageren Gestalt nannte, als Trainerassistent.

Das Cupfinale 1976 gegen den damaligen Meister Wacker Innsbruck wurde in zwei Spielen ausgetragen. Vor dem Ersten in Innsbruck war Rapids Mannschaft in Schwaz kaserniert. Am Abend vorher fragte der gewissenhafte und pedante, aber auch etwas unsichere und während eines Spiel hypernervöse Körner seinen Boss Binder, was er denn der Mannschaft zum Abendessen bestellen solle. Entweder ein Kalbsnaturschnitzel mit Reis oder ein kräftiges Steak mit Gemüse. Binder, der sich gerade einen „großen Braunen" gönnte, dazu genüsslich eine Zigarette paffte, sah kurz auf, antwortete ganz locker: ***„G'selchter, gib ihnen a Schweinsbrat'l mit***

„Bimbo" Binder (rechts) mit Robert und Alfred Körner – drei Legenden in Grün-Weiß!

Kraut und Knödel, damit's morgen a Krafter'l haben!" Offenbar war es das richtige Rezept: Rapid lag 0:2 zurück, erzielte aber in der berühmten Rapid-Viertelstunde noch das 1:2. Da das Retourspiel 1:0 gewonnen wurde, war dies sogar das entscheidende Auswärtstor zum Cupsieg ...

ZU DER MANNSCHAFT, mit der Binder Cupsieger wurde, gehörte als hängender Linksaußen der Sportmanager von heute, Ernst Dokupil. Böse Zungen behaupten, dass die Betonung auf hängend lag. Sein Sohn Gerald war damals fünf Jahre alt, hatte die Gewohnheit, in der Nacht zu den Eltern ins Bett zu kommen, lag dann zwischen Mama und Papa. Letzterer hatte die Gewohnheit, immer wenn sich etwas im Bett bewegte, den Sohn zuzudecken, weil sich der abgedeckt hatte. Bei Rapid war damals Tormann Helmut Maurer Dokupils Zimmerpartner. Wenn der sich im Bett bewegte, bekam er von Dokupil jedes Mal noch die zweite Decke „drüber". Nicht nur einmal wachte Maurer damals in der Nacht auf – von oben bis unten schweißgebadet.

VOR DEM CUPSIEG gab's allerdings in der Meisterschaft so manche schmerzhafte Niederlage. „Bimbo" Binder ertrug sie mit bewundernswerter stoischer Ruhe, wie sich auch Hans Krankl, damals bereits Rapid-Kapitän, erinnert: „Herr Binder war einer meiner Lieblinge, der Herr Körner sowieso immer schwer in Ordnung!" So auch nach einem 0:4-Debakel im alten Grazer Liebenau-Stadion gegen Sturm: Binder saß damals links vorne im Bus, Krankl rechts vorne. Binder durfte als einziger im Bus rauchen – er musste es einfach.

Die Stimmung war nach dem Debakel am Nullpunkt. Damals gab's im Bus kein Video, das man sich zur Frustbewältigung reinziehen konnte. Kein Wunder, dass keiner ein Wort redete. So ging es auf der alten Landstraße über 100 Kilometer bis nach Oberwart, bis zur Auffahrt auf den Wechsel. Dann drehte sich Binder rüber zu Krankl, sagte regungslos: ***„Na bumm, heut' ham' ma' an schön Stift'n kriagt!"*** Dann schaute er wieder zum Fenster raus, redete bis Hütteldorf kein Wort mehr ...

Schwitzkuren für den Zimmerpartner Ernst Dokupils

Parole Steppenwolf!

Hans Krankl bestritt im Frühjahr 1971 sein erstes Spiel in Rapids Kampfmannschaft. Unvergesslich blieb für ihn eine Geschichte aus seinen Anfangszeiten, von einem zweiwöchigen Trainingslager auf Mallorca, in Fünf-Sterne-Hotels in Valencia und Barcelona. Damals fand der junge „Bua" Krankl seine ersten großen Freunde, die Routiniers Geza Gallos und Erich Fak. Sie schliefen in einem Zimmer – Krankl war meist bei ihnen zu Gast und erlebte Geschichten, über die er heute noch lachen kann.

FAK UND GALLOS waren laut Krankl zwei „hakliche Menschen", die der spanischen Küche nicht so recht über den Weg trauten. Daher nahmen sie jede Menge Inzersdorfer-Konservendosen mit Leberpasteten, Schmalz, Verhackertem, etc. mit ins Trainingslager. Beide hatten zudem die Gewohnheit, ihr Zimmer nach dem Betreten sofort abzusperren. Krankl durfte immer mit, wenn sie sich nach dem Abendessen, das ihnen – ebenso wie dem immer hungrigen Krankl, Jahre vor seiner Barcelona-Zeit, –

Toni Fritsch gehörte auch zu der Mannschaft, die in Linz vor dem Match von Karl Rappan zum Duschen statt zum Aufwärmen geschickt wurde und dann glatt gegen VOEST verlor. Hintere Reihe von links: Trainer Robert Körner, Gerald Fuchsbichler, Redl, Glechner, Ullmann, Bjerregaard, Walzer, Gebhardt, Reisinger. Mittlere Reihe von links: Eigenstiller, Grausam, Gallos, Jagodic. Vordere Reihe von links: Flögel, Fritsch, Gareis, Hartl und Wirth.

nicht unter die Nase ging, mit Toastbrot „bewaffneten" und dann am Zimmer fein zu dinieren begannen. Krankl durfte immer mitessen. Das wollten auch andere, so der „Wembley-Toni" Fritsch. Als er vom „Inzersdorfer-Stützpunkt" erfuhr, war er außer Rand und Band, wollte unbedingt auch etwas. Er stand jedoch vor einer verschlossenen Tür, pumperte fest, schrie im Hotelgang: „Erich, Geza, gebt's mir auch was. Ich hab' auch an Hunger. A Wahnsinn, i tritt' euch die Tür ein, wenn's nicht aufmacht's!" Fak (der am Zimmer meist ein Haarnetz trug, was niemand sehen sollte oder durfte – auch deshalb sperrte er das Zimmer ab) antwortete mit hoher Stimme „Kennwort, Kennwort", brachte Fritsch damit zur Weißglut: „Erich, i' hau' da die Zähn't ein, wenn'st nicht aufmachst, i' bring di um!" Darauf rief Fak nur: „Parole, Parole".

IN SEINER GIER, bei seinem Heißhunger fiel Fritsch tagelang nicht die Parole oder das richtige Kennwort ein, obwohl er es kannte – das war damals „Steppenwolf". Nach einigen Tagen aber dämmerte es ihm doch. Also brüllte er vor der Tür: „Steppenwolf, Steppenwolf, Steppenwolf. Was is jetzt?". Normalerweise hätte Fak daraufhin die Türe aufsperren müssen. Aber nein, dem schlauen Fak fiel noch etwas anderes ein, um seine Inzersdorfer-Vorräte vor dem „Wembley-Toni" zu retten. Er piepste zurück: ***„Falsch, Parole geändert!"*** Der ratlose Fritsch tobte vor Hunger weiter ...

Die Sexualwurst

ES GAB AUCH ZEITEN, wo der „Goleador“ Krankl Ladehemmung hatte. Als letzten Ausweg aus der Krise wählte er dann stets den Weg in die Nachwuchskabine zu Zeugwart „Vickerl“ Huyer und seiner Gattin, fragte stets: „Na, Frau Vickerl, haben's nicht wieder so eine scharfe Wurst für mich? Dann geht' wieder was weiter!“ Und prompt traf das ein. Als Krankl im nächsten Match wieder „abdrückte“, ernannte Vickerl Huyer die scharfe Wurst zur Krankl-Sexualwurst. An die erinnerte der sich auch später immer, wenn er nicht mehr traf ...

DREIZEHN JAHRE hatte Hans Krankl bei Rapid den gleichen Masseur, ein Unikum namens Franz Müller, einen der „nettesten und tollsten Menschen, die ich kennengelernt habe, die Seele der Spieler“. Der fuhr, wenn es notwendig war, sogar um Mitternacht oder noch später zu den Spielern, um sie bei Bedarf zu behandeln. Müller hatte schon eine beginnende Glatze, die im Laufe der Jahre größer wurde, und leicht rötliche Haare.

In Trainingslagern oder vor Freundschaftsspielen bei unterklassigen Gegnern machten sich die Spieler,

Immer, wenn ihm das Wasser bis zum Hals stand, holte sich Krankl bei Zeugwart Vickerl Huyer eine Sexualwurst – die half immer!

Funki Feurer mit Masseur Franz Müller, den die Frage „Ja, Papa, kennst mi nimma?“ auf die Palme brachte.

Mitunter machte Hans Krankl als junger Torjäger nur an der Nähmaschine einen Stich.

insbesonders Krankl, stets auf die Suche nach einem Buben mit rötlichen Haaren, auch feuerrote Haare wurden akzeptiert. Dem Buben gab Krankl zwanzig Schilling, wenn er ganz gut aufgelegt war auch fünfzig, und trug ihm auf: „Brauch'st nur zu dem Herren im grünen Trainingsanzug mit den rötlichen Haaren hingehen und sagen: Ja, Papa, kennst mi nimmer? Dann rennst davon oder machst, was d' willst!"

Die Szene entwickelte sich zum Ritual – der Rest der Mannschaft versteckte sich meist, lauerte darauf, die Begrüßung des vermeintlichen Papas und dessen Reaktion aus sicherer „Deckung" zu sehen. Die Folge war mitunter sogar ein „Schuss" in den Allerwertesten des Knaben, Schimpfworte sowieso. Und wenn er dann die lachenden Spieler erblickte, waren Müllers Worte für sie nicht mehr druckreif.

Krankl: „Nach Jahren lauerte er schon darauf, passte richtiggehend auf, dass kein Bub mit rötlichen Haaren in seine Nähe kam. Und trotzdem haben's wir mit List und Tücke immer wieder geschafft". Und immer wieder war das ***„Ja, Papa, kennst mi nimmer?"*** ein gewaltiger Lacherfolg ...

Zombie-Ball in the Grand Hotel

NACH DEM CUPSIEG 1976 hatten die Rapid-Urgesteine Bimbo Binder und Robert Körner wieder ihre Schuldigkeit getan – die Klubführung, die der Sponsor „Wienerberger“ stellte, holte einen Polen als neuen Trainer. Antonin Brzezanczyk hieß er, zuvor war er unter anderem auch in Holland bei Feyenoord Rotterdam. Da ihm in Hütteldorf die Trainingsmöglichkeiten nicht zusagten, übersiedelte er kurzerhand Grün-Weiß zum Training nach Vösendorf. Gustl Starek passte das alles nicht mehr – offiziell quittierte er wegen der langen Fahrten von Strebersdorf, wo er damals wohnte, nach Vösendorf den Dienst.
Den Rainer Schlagbauer taufte der nach außen hin gnadenlose Brzezanczyk in aller Öffentlichkeit auf „Schlafbauer“ um – nicht gerade die feine Art.
Nach einigen Monaten ließ sich Brzezanczyk etwas Neues einfallen – er holte einen Landsmann namens Pawel Rotkiewicz als Psychologen dazu. Der sollte den Spielern mehr Selbstvertrauen einimpfen. Rotkiewicz legte für die Spieler Matratzen am Boden auf. Dort mussten sie sich hinlegen. Dann wurde ihnen via Kassettenrekorder und Kopfhörer mithilfe von sich wiederholenden Formeln suggeriert, wie gut und stark sie seien, dass sie alle schlagen könnten. Bei einer dieser „Sitzungen“ schlief Brzezanczyk einmal ein. Von wegen „Schlafbauer“ ...

DIE PSYCHOLOGISCHE BETREUUNG beschränkte sich nicht nur auf das Training – sie gab's auch in der Halbzeitpause bei den Spielen. Das war zwar bei den damals noch sehr engen Kabinen mitunter ein Problem, aber Rotkiewicz fand doch immer Möglichkeiten, um seine Spezialbehandlung zu organisieren. Die kam freilich bei einigen wichtigen Spielern, auch beim Kapitän Hans Krankl, nicht an. Er begann sich auf seine Art zu wehren. Immer häufiger tönten aus dem Kassettenrekorder nicht die Rotkiewicz-Formeln, sondern mitunter Ö3-Musik oder der berühmte „Säbeltanz“ des Russen Aram Chatschaturjan in einer Pop-Version mit Elektrogitarren, etc.. Krankl hatte in einer geheimen „Nacht- und Nebelaktion“ die Kassetten ausgetauscht. Rotkiewicz war außer sich ...

Als Brzezanczyk nach einem Autounfall wochenlang außer Gefecht war, vertrat ihn Robert Körner. Der mußte auch Rotkiewicz „übernehmen“, obwohl er ebenfalls von dem ganzen Zauber nicht überzeugt war. Als es einmal in der zweiten Halbzeit nach der Rotkiewicz-Behandlung einen „Hänger“ gab, der fast den Sieg gekostet hätte, mokierte sich Körner nach dem Spiel: ***„Ein Sekterl in der Pause wär' vielleicht besser gewesen. Da wär' wenigstens der Kreislauf in die Höhe getrieben worden.“*** ...

DIE „EHRLICHE HAUT“ KRANKL eckte bei Rapid natürlich auch hin und wieder an – mitunter bei Funktionären. So auch in den Jahren nach seiner Rückkehr aus Barcelona im Winter 1981. Mit Vizepräsident Fritz Grassi gab's ebenfalls die eine oder andere Differenz. Krankl revanchierte sich auf perfide Weise ...

Oktober 1983: Rapid fährt zum Achtelfinalspiel im Europacup der Meister gegen den Ex-Klub von Antonin Panenka, Bohemians Prag, in die tschechische Hauptstadt. Eigentlich sollte im Hotel „Panorama" am Stadtrand abgestiegen werden – doch Grassi, der Prag aus seiner Geschäftstätigkeit in der damaligen Tschechoslowakei genau kannte (er baute in Prag mehrere Hotels), machte alles wieder rückgängig. Raus aus dem „Panorama", weil dort zuviele Damen „ordinierten", die den Spielern sicher die Konzentration rauben könnten, ab in ein Motel, knapp zwanzig Kilometer außerhalb von Prag, das sich dann als fürchterlich entpuppte. Aber schon vorher hatte sich Grassi aus anderen Gründen den Unmut der Spieler zugezogen ...

Grassi fuhr mit im Rapid-Mannschaftsbus Richtung Prag. Krankl: „Er war immer schneeweiß im Gesicht, weil er nie in die Sonne ging, hatte außerdem diese auftoupierten Haare, die ältere Männer so haben, in einem gräulich-blauen Stil. Niemals, niemals bewegt sich da auch nur der Funken eines Haares. Es sah wie eine Perücke aus, war aber keine. Er war nur in der Farbe metallic-blau-grau vom Friseur jeden Tag gestylt. Er saß immer top angezogen mit Krawatte und meist in dunkelblauem Anzug da, meist regungslos, bewegte sich kaum. Man hat nie richtig gewusst, ob er ein Lebender oder Toter ist!" Damals liefen gerade in den Kinos die ersten Zombie-Filme, einer davon mit dem Titel: „Die Nacht der lebendigen Toten!" Krankl ernannte Grassi zum lebendigen Toten, zeitlebens, wie er ihn kannte. Daher bekam Grassi den Namen „Zombie". Alle wussten das, nur Grassi nicht. Krankl ließ auf der stundenlangen Fahrt nach Prag immer wieder ein Tonband mit Georg Danzers damaligem Hit „Heut' is Zombieball in the Grand Hotel ...". Schließlich sang die ganze Mannschaft lachend mit. Alle wussten, wer damit gemeint war. Nur der, den es betraf, nicht.

In den Neunzigerjahren unterhielt Hans Krankl die Hörer von Radio Wien als „Nachtfalke" – die DJ-Karriere begann schon in seiner Spielerzeit, als er im Rapid-Bus für die Musik sorgte.

Das Benzinattent

TRAININGSLAGER in Kärnten am Faaker See, im Sommer nach dem Europacupfinale 1985: Ein neuer Masseur aus Griechenland mit Vornamen Stavros, der sich als Schüler des berühmten Willi Dungl anpries, war dabei. Hans Krankl wurde im Training am Rist verletzt, bekam einen Tapeverband. Irgendwann musste dieser dann gewechselt werden. Bei Tapeverbänden bleibt der Kleber meist an den Haaren picken. Das Ablösen ist mitunter eine unangenehm schmerzhafte Angelegenheit. Also bat Hans Krankl den Masseur, er solle den Kleber mit Wundbenzin von Haut und Haaren wegwaschen.

Lange saß der griechische Masseur Stavros (Mitte) nicht auf der Rapid-Betreuerbank zwischen Trainer Vlatko Markovic, seinem Assistenten Walter Gebhardt, Rapid-Arzt Max Schmidt und Herbert „Funki“ Feurer.

vom Faaker See

Der immer hilfsbereite, schwarzhaarige Grieche bat um Entschuldigung, weil er keinen Benzin hatte, aber er versprach, gleich einen zu holen. Er ging weg, kam rätselhafterweise erst nach einer halben Stunde zurück. Mit einem Kanister Benzin in der Hand. Das kam Krankl verdächtig vor: „Wenn er Wundbenzin in einem Fünfliterkanister hat, kann er den nur in einem Großhandel gekauft haben. Aber am Faaker See gibt's doch keinen!" Also fragte Krankl, dem es schon verdächtig vorgekommen war, dass Stavros keinen Wundbenzin in seinem Santitätskoffer hatte: „Wo kommst denn du mit dem Kanister her?" Da gestand Stavros mit seinem griechischen Akzent: ***„War ich bei der Tankstelle, fünf Liter Superbenzin kaufen!"*** Krankl war außer sich: ***„Du musst dich über die Häuser hau'n, du ... !"***

Das war der Anfang vom raschen Ende der Stavros-Karriere bei Rapid. Bis er ging, hörte er jeden Tag die Geschichte von den Spielern – hunderte Male. Und noch im August dieses Jahres war sie aktuell, als Rapid bei einem Turnier in Athen spielte. Als Stavros im Hotel auftauchte, begrüßte ihn „Funki" Feurer prompt als „Benzinbruder". Stavros arbeitet derzeit in Athen in einem physiotherapeutischen Institut. Ob es dort Wundbenzin gibt, verschwieg er aber ...

Seine Geschichte mit den Benzinkanistern machte lange die Runde – links Pregesbauer, rechts Konsel.

Die Idealmannschaft

Als Trainer Rapids hätte Krankl zwischen 1989 und 1992 nur zu gerne die gleichen spektakulären Erfolge wie als Spieler gefeiert. Nur blieben die ihm bis auf wenige Ausnahmen versagt. Und darüber verzweifelte er mitunter, haderte mit Gott und der Welt, darunter auch mit seinen Spielern. Manager war damals Franz Binder, der Sohn des legendären Bimbo Binder. Der, wie Krankls bester Freund Reinhard Kienast feststellte, viel Zeit gehabt haben muss. Binder organisierte sich über zwanzig Mannschaftsposter, schnitt aus jedem den Kopf von Hans Krankl heraus und überklebte damit die Köpfe der anderen Spieler. Somit entstand ein Poster mit lauter „Krankls". Stolz marschierte er danach in die Trainerkabine und sagte zu Krankl: „Du Hans, ich habe da ein Foto einer für dich idealen Mannschaft!" Zu sehen waren lauter „Krankls", und Binder fragte ihn scheinheilig: ***„Du Hans, ist das deine Idealmannschaft?"*** Richtig gelacht hat der darüber aber nicht ...

Krankl mit 22 Spielern im Trainingslager in Abano: Der Trainer holte den Mannschaftskapitän, seinen Freund Reinhard Kienast, zu sich: „Es gibt einen freien Nachmittag in Mailand. Trommel alle zusammen und lass' abstimmen, ob's ihr lieber einen Einkaufsbummel machts oder ins San Siro-Stadion gehts, Inter anschauen!" Als Krankl eine halbe Stunde später ins Abstimmungszimmer kommt, muss er von Kienast hören: „Die Abstimmung ist 11:11 ausgegangen!" Krankl ist genervt: „Ich geh' jetzt noch einmal fünf Minuten raus. Und wenn ich zurückkomm', wünsche ich, dass es 12:11 ausgegangen ist!"

Franz Binder erfand die Rapid-Idealmannschaft mit lauter Krankls. Ob dies bei einer Mußestunde in der Sonne passierte, weiß man nicht. Vor wenigen Wochen heuerte Binder beim steirischen Zweit-Divisionär DSV Leoben an.

Der letzte Kader in Hans Krankls bisheriger Trainerära bei Rapid – so veränderte ihn dann der damalige Manager Franz Binder (unten). Lauter Krankls – eine Idealmannschaft für Hans?

Beim Roten Heinzi

1976 begann Herbert Feurers Karriere bei Rapid. Erster Trainingstag. Er fuhr in aller Herrgottsfrühe schon von seiner Heimatgemeinde Aspang weg, um nur ja rechtzeitig in Vösendorf zu sein. Etwas nervös war er schon – Berührungsängste mit einem großen Namen.

Umso mehr, als er in die Kabine kam. Als er schüchtern „Grüß Gott" sagte, sah er im Augenwinkel, wie der arrivierte Gustl Starek aus einem noblen Seidenhemd ein Packerl Tausender, es werden gut fünfzig gewesen sein, ganz lässig herausnahm, sie Masseur Franz Müller übergab: „Du, Franz, sei so nett, pass' mir darauf während des Trainings auf!" Feurer fuhr der Schreck in alle Glieder – er hatte gerade 120 Schilling eingesteckt, zuvor nie so viel Geld auf einem Fleck gesehen.

Noch heute weiß Funki, dass er damals so verschreckt war, sogar überlegte, ob es nicht besser wäre, gar nicht mehr in diese große, ungewohnte Fußballwelt zu kommen ...

Auch auf Gemütlichkeit wurde Wert gelegt – beim rustikalen „Ritteressen". Dritter von rechts Herbert Feurer mit Frau Brigitte, ganz links Walter Skocik. In der Runde auch Gustl Starek und Rudi Weinhofer.

Ganz coole Interviews mit Kopfhörern im argentinischen Teamdress: Funki mit Hans Krankl 1983 im Trainingslager Wartberg. Rechts Otto Baric.

HEUTZUTAGE sind die Weihnachtsfeiern bei Rapid vom Feinsten. Mit einer Riesenshow, stundenlanger Unterhaltung, wie zuletzt etwa in der Stadthalle. 1976 war es noch ganz anders. Die erste Weihnachtsfeier bei Rapid, an die sich „Funki" erinnern kann, stieg im alten Kabinenhaus, der „Baracke" auf der Pfarrwiese. Das Essen? An warme Speisen war nicht zu denken. Damals gab's Braunschweiger-Wurst in Radeln. Nachher fuhren die Spieler aber geschlossen in die Innenstadt, zu Georges Dimou in seine bekannte „Splendid Bar". Gute, ausgelassene Stimmung, Herbert Feurer kam an der Bar mit einem Mann mittleren Alters ins Gespräch, mit dem er sich ungezwungen und jovial mehr als eine halbe Stunde über Fußball, Gott und die Welt unterhielt. Als wäre nichts geschehen, ging er an seinen Tisch zurück, setzte sich nieder, war ganz verwundert, als ihn Krankl etwas außer sich und gereizt fragte: „Sag' einmal, weißt du überhaupt, mit wem du da jetzt so lange geredet hast?" Funkis Antwort: „Nein, der hat sich nicht vorgestellt, aber es war ein nettes Gespräch mit einem normalen Menschen!" Darauf Krankl etwas gespreizt: „Das war der Rote Heinzi, du Wahnsinniger!" Daraufhin die Antwort: „Na und? Wer ist das, der Rote Heinzi?" 1976 galt der Rote Heinzi als große, gefürchtete Nummer in der Wiener Unterweltszene – 24 Jahre später hat er sich als Kommerzialrat Heinz Bachheimer und wohlbestallter Lokalbesitzer ins ruhige, bürgerliche Leben zurückgezogen ...

ELAN

Funki Flying High – die Zeit bei Rapid als Nummer 1 war fast nur ein einziger Höhenflug – vier Mal Meisterteller, vier Mal Cupsieg, zwei Mal Supercup, Europacup-Finale und zwei Mal Fußballer des Jahres bei der „Kronen Zeitung“

Nicht nur zwischen den Pfosten auf dem Posten: Funki beim Prominententennis mit Hans Kary, mit dem berühmten Tenor Placido Domingo in Neukirchen, ...

... auf dem Akkordeon lange vor Hubert von Goisern und als verwegener Skifahrer, personifizierter Früh-Herminator und als etwas skeptisch dreinblickender Big-Foot-Fahrer.

Das Wunschkonzert

IM FEBRUAR 1983 war Rapid drei Wochen lang in Mittel- und Südamerika unterwegs – Rückkehr nach Wien infolge Verspätungen erst um halb drei Uhr morgens: Ein Zollbeamter wartete übermüdet bei der Passkontrolle. Als Erster kam Funki Feurers langjähriger Zimmerpartner und Ersatzmann Karl Ehn zur Passkontrolle. Und auf die Frage, woher er denn komme, antwortete der schlaftrunkene Südamerika-Heimkehrer nur: „Aus Stetteldorf" – sein Geburts- und Wohnort in der Nähe von Tulln ...

Karl Ehn aus Stetteldorf beim Heurigen in Wien-Ottakring mit Bernd Krauss aus Dortmund

HERBST 1984, erste Runde im Europacup der Cupsieger, Rapid gegen Besiktas Istanbul: Rapid gewann das Heimspiel 4:1, danach gab's einen verbalen Schlagabtausch zwischen Rapids Trainer Otto Baric und seinem Kollegen bei Besiktas, Boris Stankovic, einem Landsmann von Baric. Die Atmosphäre war schon aufgeheizt. Als Retourkutsche bekam Rapid beim Training in Istanbul keine Bälle, worüber sich Baric empörte, in seinem Zorn sagte: „So etwas ist nur in der Türkei möglich!" Ein Satz, der in den türkischen Zeitungen am Spieltag natürlich ausgeschlachtet wurde.

Zwei Stunden vorher, als Rapid ins Besiktas-Stadion kam, waren bereits 35.000 fanatische Zuschauer auf den Tribünen, die mit ihren Sprechchören einen Höllenlärm machten. Trotzdem wollten die Rapidler noch vor dem Aufwärmen das Spielfeld besichtigen. Zuerst kamen Baric, sein Assistent Willi Kaipel und Feurer über die unterirdischen Kabinengänge und eine Luke seitlich hinter einem Tor auf den Rasen. Eingekleidet waren die Rapidler einheitlich in blaue Blazer und graue Hosen.
Als das Trio auf den Rasen kam, ertönte ein gellendes Pfeifkonzert. Feurer zu Baric und Kaipel: „Kommt's, kommt's, geht's nur mit mir mit!" Er hatte die Angewohnheit, die Tore, in denen er später stand, genau zu inspizieren. Baric und Kaipel blieben neben dem Tor stehen, Feurer prüfte zwei Minuten lang das Tornetz. Auf einmal applaudierten 35.000 Zuschauer – sensationell – denn die Besiktas-Anhänger glaubten fälschlicherweise, dass da der Schiedsrichter und seine zwei Linienrichter an der Arbeit waren. Der Irrtum klärte sich rasch auf.

Rapids Trainercrew im Trainingslager Henndorf auf ländlich sittlich in Lederhosen – für „Funki" gab's noch einen Hut mit Gamsbart dazu. Bei solchen Gelegenheiten pflegt Hans Krankl zu sagen: „Funki, erinner dich, wie du aus Aspang zu Rapid gekommen bist – mit Herrgott-Schlapfen, links und rechts eine Persil-Schachtel, a Lederhos'n und am Latz stand ‚Grüß Gott!'"

Wunschträume eines jeden Trainers – der WM-Pokal!

Als Trainer kriegt man mitunter auch viel Dreck ab – Schlammritter Funki im Trainingscamp in Eingedi.

Als noch einige andere in blauen Blazern und grauen Hosen aus der Luke auf das Spielfeld kamen, folgte wieder das gellende Pfeifkonzert. Doch das half nichts, mit einem 1:1 stieg Rapid auf ...

VOR DEM HEIMSPIEL im Europacupsemifinale 1995 veranstaltete Radio Wien ein grün-weißes Wunschkonzert. Die Rapid-Betreuer und Spieler durften sich ihre Lieblingslieder wünschen. Feurer machte beim Training mit Radio-Wien-Reporter Martin Lang die Aufnahmen und bat ihn, diese erst am Mittwoch zwischen 17.00 und 17.30 Uhr zu spielen. Denn zu dieser Zeit war die Mannschaft im Bus von der Kasernierung im Hotel „Böck" in Brunn am Gebirge ins Happel-Stadion unterwegs. Lang hielt sich an die Vereinbarung – und so ertönte plötzlich aus Radio Wien „Funkis" Stimme: „Ich wünsche mir jetzt ganz besonders einen Song, der auch das Lieblingslied von mehreren Spielern ist." Er bestellte von Heli Deinboek „Wir brauch'n kane Meier mehr!" Gemünzt war alles auf den beinharten und gefürchteten Konditionstrainer Hans Meyer, ohne dessen Arbeit aber die Erfolge nicht möglich gewesen wären. Der Lacherfolg war riesengroß – aber Meyer gelang es trotzdem, auf der ganzen Fahrt über dic verstopfte Tangente keine Miene zu verziehen ...

DER RASEN IM HANAPPI-STADION ist seit Jahren super gepflegt, gilt als der Beste in ganz Österreich. Einmal wurde dies in einem Artikel im „Wiener Sport am Montag" erwähnt, sogar mit einem Foto von Betriebsleiter Walter Weiss am Titelblatt. Das war „Funki" Feurer zu viel. Zuerst schrieb er auf das Titelblatt unten rechts unübersehbar „Bezahlte Anzeige Walter Weiss" dazu, kopierte es nicht weniger als 400 Mal, „pflasterte" damit am Abend vor einem Spieltag den Kabinentrakt im Hanappi-Stadion und den VIP-Club komplett zu. Als Weiss am Spieltag vormittags ins Hanappi-Stadion kam und die „Bescherung" sah, hätte ihn fast der Schlag getroffen. Dann musste er doch lachen, aber vier Arbeiter ausschicken, um alle „bezahlten Anzeigen" entfernen zu lassen. Ganz gelang es ihm nicht, einige wurden übersehen. Was Feurer mit unübersehbarer Schadenfreude quittierte: „Das war ihm natürlich fürchterlich peinlich" ...

Vor „Funkis" trockenem Schmäh und seinen verrückten Einfällen waren und sind auch gute Freunde nie sicher. Auch nicht Ernst Dokupil. Als sich der Trainer wieder einmal den Kopf darüber zermarterte, wie Rapid besser werden könnte, fragte er seinen Assistenten Feurer um Rat: ***„Du, Funki, was glaubst du, fehlt uns noch?"*** Funkis Antwort bestand, mit todernster Miene gesprochen, nur aus einem Wort: ***„Alles!"***

Auch Betriebsleiter Walter Weiss bekam sein Fett ab – Funki verschont keinen!

Die Sondernummer

Nicht einmal zu Zeiten, in denen sich Feurer im freiwillig gewählten „Rapid-Exil" befand, war Rapid vor ihm sicher. Im März dieses Jahres sprang ihm in der „Sportwoche" ein Bericht vom Rapid-Trainingslager in Dubai ins Auge. Da war auch ein Foto dabei, auf dem Sportdirektor Ernst Dokupil am Spielfeldrand auf einer Bank neben Klubarzt Robert Lugscheider saß. Beide mit nacktem Oberkörper – Dokupil zeigte dazu noch im Spaß den Mittelfinger. Daneben standen in korrekter, einwandfreier Haltung die Präsidiumsmitglieder Haimo Puschner und Peter Strecha. Dazu fiel Herrn Feurer gleich einiges ein ...

Zuerst schrieb er einen Protestbrief an das Präsidium, der dort wirklich diskutiert worden sein soll. Fragte darin, wie denn der Stinkefinger des Herrn

„Ein Foto und seine Folgen" oder „Man soll nie im Spaß den Mittelfinger heben". Aus der Aufnahme vom Rapid-Trainingscamp 2000 in Dubai mit Ernst Dokupil, Klubarzt Robert Lugscheider, Anwalt Haimo Puschner und Finanzchef Peter Strecha (von links) wurde die Sondernummer eines Rapid-Magazins. Funki und ein guter Farbkopierer machten's möglich ...

DIE OFFIZIELLE ZEITSCHRIFT DES ERNSTI D.
RAPID
magazin
SONDERNUMMER
ÖS 1000,-
RAPID
max.
BUNDES LIGA
„DOC"
Ausser Rand und Band
SITTENVERFALL
Gutes Benehmen ist bei ihm Glückssache
STINKEFINGER
Nach Effenberg jetzt Dokupil
SKANDAL!
01
122 133 144
DER SPORTDIREKTOR
Ist er noch tragbar?
ERNST D.
Er scheißt sich nichts

Dokupil mit seiner Vorbildfunktion für die Jugend vereinbar sei. Und wenn Herr Dokupil schon in aller Öffentlichkeit darüber rede, dass der Kader finanziell abspecken müsse, dann sollten doch Lugscheider und er zuvor einmal damit beginnen, selbst körperlich abzuspecken ...

Dazu besorgte er sich das Originalfoto und kopierte den „Stinkefinger" Dokupils allein ganz groß heraus. Er konstruierte daraus die Titelseite einer „Sondernummer" des Rapid-Magazins, das stolze 1000 Schilling kosten sollte. Mit Schlagzeilen wie „Doc außer Rand und Band" oder „Der Sportdirektor – Ist er noch tragbar?" Als Dokupils Gattin in diesen Tagen bei Frau Feurer zum Abendessen eingeladen war, schob Herr Feurer ihr plötzlich die konstruierte Titelseite der Stinkefinger-Sondernummer hin, sagte ganz unbeteiligt: „Schau, Evi, das neue Rapid-Magazin!" Frau Dokupil blieb vor lauter Schreck das gute Essen im Halse stecken, sie brachte keinen Bissen mehr hinunter, bis alles aufgeklärt war.

DIE REVANCHE DOKUPILS
ließ zwar etwas auf sich warten, aber sie kam! August 2000 – Feurer wieder zurück bei Grün-Weiß: Rapid gastiert zu einem Freundschaftsspiel in Laa/Thaya. Ein älterer, weiblicher Rapid-Fan kommt schon während des Aufwärmens zur Betreuerbank, setzt sich dort neben Feurer nieder, geht selbst während des ganzen Spiels nicht mehr fort, lässt auch den Co-Trainer nicht mehr weg. Dokupil reagierte sofort, sorgte dafür, dass sich keiner aus dem Betreuerstab und kein Ersatzspieler der Trainerbank näherte. Natürlich ließ er auch Feurer mit seinem treuen Fan fotografieren.
In der Woche darauf lag in der Post an das Präsidium ein Brief eines Herrn E. Lipukod vom Fanklub Rapid-Akademiker mit beigelegtem Bild aus Laa/Thaya. Mit der Frage, ob es das Präsidium hinnehmen könne, dass ein hochbezahlter Betreuer so seine Pflichten vernachlässige, nur an die angenehmen Dinge des Lebens, wie weibliche Fans, denke. Auch das wurde im Präsidium besprochen, was Herrn Lipukod diebisch freute. Lipukod? Lesen Sie den Namen verkehrt, von hinten – Dokupil!

Wer schickt sie wann in die Wüste? Von links: Hans Meyer, Ernst Dokupil, MR Dr. Robert Lugscheider und Funki.

BEST OF libro

Der Libero empfiehlt:

Kick dich mit Geschenk-Gutscheinen von LIBRO in die oberste Liga.

www.lion.cc

Der Sprung in die Kloake

PETER PERSIDIS kam Mitte der Siebzigerjahre als gefeierter Held von Olympiakos Piräus, wo er fünf Titel gewonnen hatte, damit der erfolgreichste Titelhamsterer unter Österreichs Legionären war, nach Hütteldorf. Zu den Transfermodalitäten gehörte ein Ablösespiel, das aber erst am 18. Juni 1979 ausgetragen wurde. Rapid gastierte im alten Karaiskakis-Stadion von Piräus gegen Olympiakos. Nachher lud Persidis seine Mitspieler in sein ehemaliges Stammlokal nach Mikrolimano, einem kleinen, idyllischen Hafen mit Fischerbooten und Jachten, zum Fischessen ein. Nach dem Essen fragte der grimmige Vorstopper aus dem steirischen Fohnsdorf, Egon Pajenk: „Kann man da auch baden?“ Als Antwort hörte er: „Das ist ja eine stinkende Kloake. Aber wenn du willst, gibt jeder für Dich 100 Schilling her, dann kannst du ja versuchen, ob man hier schwimmen kann!“ Es war aber nicht jeder bereit, den Egon zu finanzieren – so kamen nur 900 Schilling zusammen. Trotzdem stürzte er sich wagemutig in die Kloake. Nachher war er von oben bis unten extrem schmutzig, musste im Endeffekt Hose, Hemd und Schuhe wegschmeißen – die Neubeschaffung kostete mehr als die 900 Schilling. So war der Sprung in die Kloake auch ein Verlustgeschäft ...

DAS 0:0 war nicht nur wegen des Pajenk-Bades danach erwähnenswert. Auch im Spiel selbst tat sich Außergewöhnliches: Rapids Tormann Feurer hatte den Ball, Verteidiger „Wurmerl“ Pregesbauer rief „Funki“, drehte sich aber plötzlich und völlig überraschend weg. Feurer wurde mitten in der Bewegung davon überrascht, brach den Auswurf zu Pregesbauer abrupt ab – dabei fiel ihm der Ball aus den Händen. Kullerte Richtung eigenes Tor, an die Stange – und von dort wieder in Feurers Hände. Trainer Walter Skocik trat vor Aufregung und Ärger gegen die Betreuerbank – Zehenprellung!

IM TRAININGSLAGER IN ABANO beauftragte Trainer Walter Skocik den erfahrenen Persidis, die Küche zu „überwachen“, den Speiseplan zu organisieren. Mit Hans Krankl und Heribert Weber gab's zwei Spieler, die großen Einfluss auf die Speiseauswahl nahmen. Also fragte Persidis Krankl, was er denn gerne hätte. Der wünschte sich Teigwaren, also Pasta, und ganz speziell Spagetti. Was für Krankl ideal war, wollte Weber nicht. Das war für Insider keine Überraschung. Weber bestellte ein Hendl. Persidis bat den Koch, Hendl und Pasta zu machen. Doch da muss es offenbar Verständigungsschwierigkeiten gegeben haben – es wurde Hendl mit Pasta asciutta serviert. Das Resultat: Krankl ließ das Hendl stehen, Weber die Pasta asciutta. Das nennt man Konsequenz ...

Kapitän Persidis führt Rapid aufs Feld, dahinter Feurer, Krauss, Gröss und Reinhard Kienast.

Der Piefke-Bua und die Säge

BERND KRAUSS kam 1977 als Reservist der Dortmunder Borussia aus dem Ruhrpott nach Hütteldorf. Weil sich „Funki“ Feurer und „Wurmerl“ Pregesbauer seiner annahmen, war er mit dem Schmäh bald vertraut. Als Peter Persidis nach dem Verkauf von Hans Krankl an den FC Barcelona, nach der Weltmeisterschaft 1978, Kapitän war, verunstaltete Krauss dessen gelbe Kapitänsbinde, machte vor einem Heimspiel in der Kabine mit schwarzem Filzstift noch drei Punkte drauf. Aber so blind konnte Routinier Persidis gar nicht sein, um das nicht zu erkennen. Er wollte partout nicht als „Blinder“ auf den Rasen laufen, nahm noch in der Kabine die Binde ab, sah in die Runde und brüllte nur kurz und bündig: „Piefke-Bua!“ Er wusste sofort, wer dahinter steckte ...

KRAUSS BEHAUPTET, dass Rapid damals oft gar keinen Tormann gebraucht hätte: „... aber wir mussten ja zu elft spielen. Und außerdem sorgte der Tormann hin und wieder wenigstens für gute Unterhaltung“. So kam Herbert Feurer einmal zu Zeiten, als sich die Mannschaft gerade nicht ideal mit ihrem Trainer Otto Baric vertrug, mit einem Fuchsschwanz in die Kabine. Den hing er an seinem Haken auf. Baric saß genau gegenüber von Feurer, musste beim Umziehen genau auf die Säge schauen. Krauss: „Sein Blick verriet, dass er glaubte, dass die Mannschaft ihm so ankündigen wollte, ihn demnächst abzusägen. Es war köstlich – die Angst des Trainers vor der Säge!“ Dabei hatte sich Feurer die Säge wirklich nur ausgeborgt, um daheim etwas zu reparieren, nicht um den Trainer abzusägen ...

Beim „Piefke-Buam“ Bernd Krauss passte immer die Laune. Auch im Flugzeug als Sitznachbar von Funki und Pregesbauer. Und erst recht, als 1982 der Meistersekt in der Kabine spritzte ...

Das Burgenlär

IN DEN ACHTZIGERJAHREN ging die sportliche Durststrecke Rapids zu Ende – 1982 der erste Meistertitel nach vierzehn Jahren Pause! Da verwandelte sich das Hanappi-Stadion in ein Tollhaus. Der Urschrei von Hans Krankl ins ORF-Mikrofon („Der Teller ist in Hütteldorf, und hier bleibt er auch“) ist heute noch Legende. Noch dreimal wurde Rapid in den Achtzigerjahren Meister (1983, 1987, 1988) – jeweils mit Otto Baric als Trainer. Dazu viermal Cupsieger – ebenfalls unter der Regie von Baric, der Rapid auch 1985 in sein erstes Europacupfinale der Klubgeschichte führte. Klar, dass in diesen Zeiten die Stimmung passte, immer wieder Lachen angesagt war.

Spezialvisum für die Tschechoslowakei: Christian Keglevits

SO AUCH IM OKTOBER 1983 auf der Busfahrt nach Prag zum Europacupspiel gegen Bohemians. Noch lange bevor Georg Danzers „Zombieball“ im Bus erklang. Damals waren stundenlange Wartezeiten an der tschechischen Grenze noch normal. Rapid wollte sich das ersparen, ließ das tschechische Fußballidol Antonin Panenka vorher an der Grenze anrufen und den grün-weißen Mannschaftsbus ankündigen. Der war dann prompt in Klein-Haugsdorf das einzige Fahrzeug weit und breit, musste aber dennoch drei Stunden lang in der Einöde der Grenzstation warten. Murren machte sich breit, keiner wusste die Ursache.

Da sagte Manager Franz Binder zu Antonin Panenka: „Wir müssen irgendeinen Grund erfinden.“ Binder hatte die Idee, eigene Einreiseformulare für die zwei Burgenländer unter den Rapid-Spielern, Kurt Garger und Christian Keglevits, zu „konstruieren“. Binder zu Panenka: „Organisiere bitte bei den Grenzbeamten zwei Formulare in tschechischer Sprache. Du übersetzt sie dann für die Burgenländer!“

So war es auch. Panenka holte sich Garger und Keglevits: „Es gibt Probleme bei euren Pässen, ihr

der-Visum

müsst noch diese Formulare ausfüllen!" Mühsam mit Panenkas Übersetzungshilfe klappte es – Name, Vorname, Geburtsdatum und -ort. Als dann der Name Burgenland fiel, lachte Panenka: ***„Jetzt ist alles klar, warum wir so lange warten müssen. Burgenländer brauchen bei uns ein eigenes Einreisevisum!"*** Im ersten Moment glaubten dies Garger und Keglevits sogar, und die Stimmung war gerettet.

Was gibt's Neues im Burgenland? Badewannenreport von Kurt Garger nach einem Europacup-Erfolg an Antonin Panenka (rechts). Mit Garger im Ermüdungsbecken: Karl Brauneder, Hans Gröss und Funki – sein Blick verrät etwas Skepsis gegenüber dem Burgenland.

Die Uhudler-Bestechung!

Zu Beginn ihrer Rapid-Zeit wohnten die zwei Burgenländer zusammen in einer Wohnung. Damals ließ Trainer Walter Skocik die Einhaltung des Zapfenstreichs durch Stichproben mitunter genau überprüfen. So läutete es an einem Donnerstag im Herbst 1980, zwei Tage vor einem Spiel, abends an der Tür der Burgenländer-Wohnung – es war Manager Franz Binder, der im Auftrage Skociks unterwegs war. Aber nur Keglevits war daheim, Garger hatte sich irgendwie und irgendwo ins Wiener Nachtleben gestürzt. Keglevits überging das Thema, kochte für Binder einen Kaffee, schaute sich mit ihm eine Sportsendung im TV an, versuchte so zu „übergehen", dass Garger nicht daheim war. Um 23 Uhr fragte Binder aber doch, wo denn Garger eigentlich sei. Keglevits fiel nichts Besseres ein, als zu sagen, dass der nur seinen Bruder zum Bahnhof gebracht habe, weil der wieder ins Burgenland zurück müsse. Das Handy war ja damals noch nicht erfunden, eine Absprache damit unmöglich ...

Knapp vor Mitternacht tauchte Garger endlich auf. Binder empfing ihn mit einem strafenden Blick auf die Uhr, wollte die Begründung wissen, warum es so spät wurde. Garger antwortete wie aus der Pistole geschossen: „Ich komme jetzt erst aus dem Burgenland

Feier nach dem 5:0 in Innsbruck im Cup-Finale 1983 beim berühmten Stangl-Wirt in Going bei Kitzbühel. Chef Balthasar Hauser spielte selbst auf. Uhudler gab's in Tirol aber keinen – zum Bedauern von Uhudler-Professor Kurt Gager, am Tisch vorne links.

zurück. Denn auf der Autobahn war ein Unfall, ich steckte im Stau, es ging nicht schneller!" Keine Rede von Bruder und Bahnhof – Keglevits wäre am liebsten im Boden versunken, bekam einen roten Kopf. Binder schrie Zeter und Mordio: „Jetzt ist euch aber hoffentlich klar, dass ich das melden muss. Ihr habt mit Konsequenzen zu rechnen!" Garger begann Binder zu beschwören, doch alles zu vergessen, es wäre ja nicht so schlimm, versprach besonderen Einsatz und außergewöhnliche Leistungen. Das beeindruckte Binder viel weniger als Gargers Ankündigung, sich mit feinen Burgenländer-Weinen, darunter auch den seltenen und berühmten „Roten" namens Uhudler, sozusagen eine „Garger-Spezialperle", erkenntlich zu zeigen. Die Uhudler-Bestechung funktionierte – und Rapid gewann mit den „Sündern" das nächste Match ...

Da hatte Christian Keglevits noch Haare, die ihm zu Berge stehen konnten: Fliegt die Uhudler-Bestechung am Ende auf, oder hält der Manager dicht? Die Frage beschäftigte ihn lange.

Fauxpas in der Wüste!

TRAININGSLAGER von Rapid in Kuwait. Der frühere jugoslawische Teamchef und Trainer von Real Madrid, Milan Miljanic, arbeitete damals gerade dort. Er lud Otto Baric, Hans Krankl, Zizo Kranjcar und Petar Brucic in seine Prachtvilla zum Abendessen ein. Baric kannte Miljanic von früher, schon aus aktiven Zeiten, auch seine Frau. Aber zwischen der Einladung in Kuwait und dem letzten Treffen davor lagen doch fast zwanzig Jahre.

Liebe Himmel, müssen wir spielen maximal ernst über Flüüüüügel ...

Miljanic hatte sich in dieser Zeit kaum geändert, seine Frau doch. Als eine rund 120 Kilo schwere, ältere Frau in der Empfangshalle im Stile einer Primadonna im wahrsten Sinne des Wortes förmlich erschien, ritt Otto offenbar maximal der Teufel. Er konnte sich nicht zurückhalten, es sprudelte förmlich aus ihm heraus: ***„Entschuldigen Sie, sind Sie Mutti von Herrn Milan?“*** Es war in Wahrheit Frau Miljanic. Die schwieg betreten und schwer beleidigt. Baric erkannte auch rasch seinen Irrtum, jedoch zu spät. Er bekam ein rotes Gesicht, weil er

Muss ich dich heben: Hans Krankl wirkt beim ersten Training von Otto Baric 1982 noch etwas skeptisch ...

wusste: „Lieber Gott, ich habe einen Riesenfehler gemacht.“ Die in die Jahre gekommene Frau Miljanic servierte trotzdem einen köstlichen, acht Kilogramm schweren Truthahn. Baric: „Aber ich brachte an diesem Abend in drei Stunden sicher nicht einmal drei clevere Sätze heraus. So fertig war ich!“

Eine Art Picasso der Fußballtrainer! Die Baric-Aufmarschpläne und General-Strategien für „Typische Züge“ sind berüchtigt. So führte er im Dezember 1984 Rapid auch zum legendären 1:0-Triumph im dritten Spiel gegen Celtic Glasgow im berühmten Old Trafford-Stadion von Manchester. Er musste wegen einer Sperre auf die Tribüne, auf der Bank coachte sein Assistent Willi Kaipel. Entscheidend war aber vor allem, daß Funki Feurer überragend hielt und sich von einem rabiaten Celtic-Fanatiker, der aufs Feld stürmte und den Rapid-Keeper attackierte, in dieses Tor treten ließ und trotzdem weiterspielte.

IM WINTER 1985, bevor Rapid ins Europacupfinale kam, waren die Grün-Weißen in Mostar im Trainingslager. Zum Trainingsplatz mussten die Spieler in einem alten Autobus rund dreißig Minuten fahren. Vorne im Bus, oberhalb des Fahrers, hing eine Uhr, die bereits ihren Geist aufgegeben hatte. Nach fünf Minuten Fahrt rief Hans Gröss, gefürchtet, bekannt und begehrt als Stimmenimitator (so verhalf er einmal dem auf der Südautobahn rettungslos in einem Stau steckenden Rapid-Bus zu freier Fahrt, als er via Außenlautsprecher im Befehlston „Achtung, Achtung, hier spricht die Polizei. Freie Fahrt für diesen Bus!" forderte), nach vorne zu Trainer Otto Baric, der in der ersten Reihe saß: ***„Äh, Trainer, wie spät is?"***, wobei Gröss Stimme und Tonfall des Trainers treffend nachmachte. Baric überging das schweigend. Im Training gab's dann ein Spiel Mann gegen Mann, wobei einer der drei Torhüter im Kader, in diesem Fall war es gerade Herbert Feurer, als Feldspieler fungierte. Sein Gegenspieler war Gröss. Am Ende schoss Feurer gegen Gröss das Siegestor. Der war dementsprechend niedergeschlagen und schwieg. Nach zehn Minuten Fahrzeit zurück zum Hotel, stand Baric im Bus auf, drehte sich um und fragte: ***„Äh, Gröss, wie spät is?" ...***

Kroatiens Antwort auf Michael Jordan aus dem Wasser heraus

„Hab' ich Funki, kann ich lachen ..."

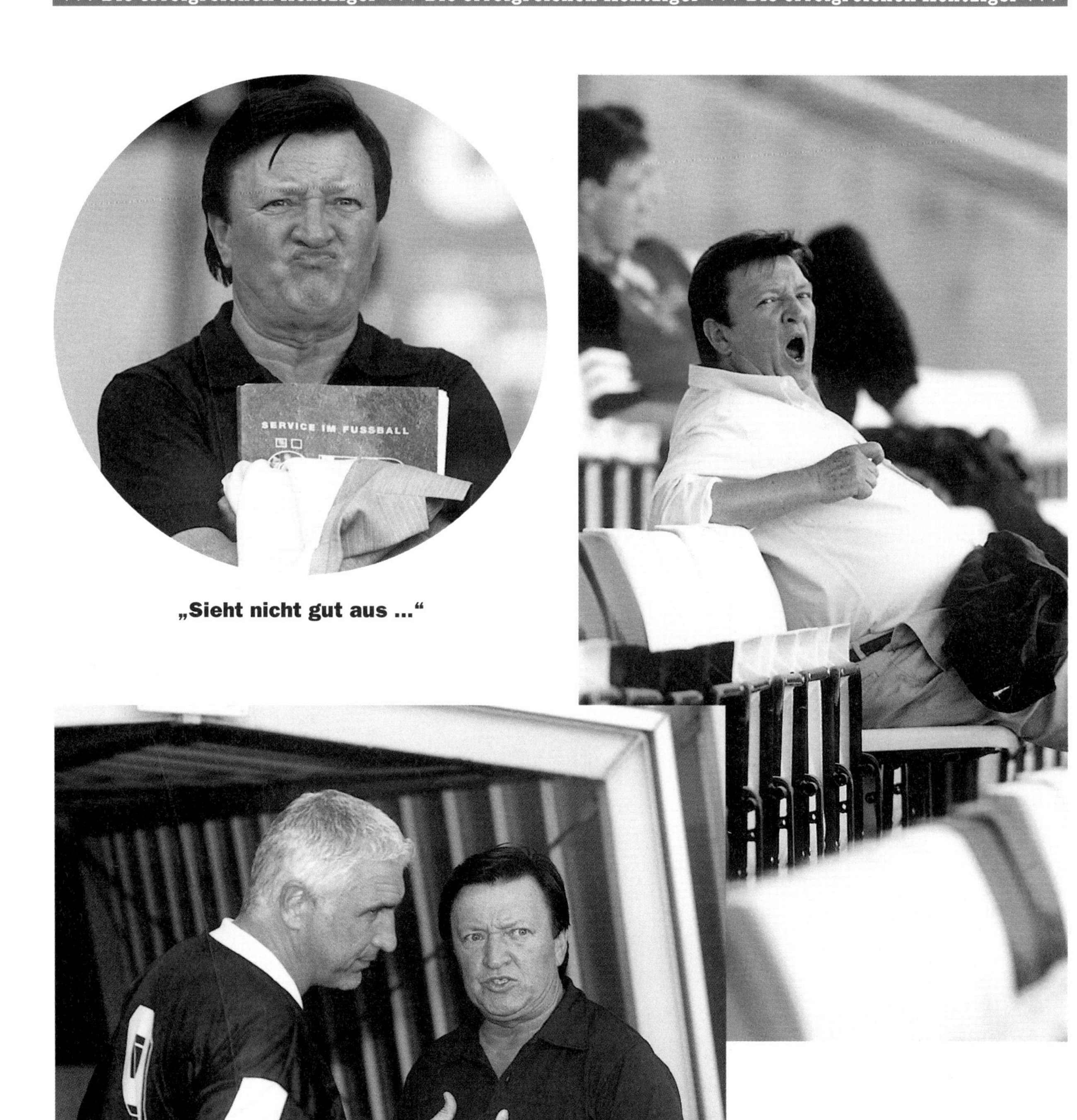

„Sieht nicht gut aus ...“

„Schau Hansi, brauche ich millimetergenau wieder eine junge Krankl ... Wenn ich nicht kann haben, ist zum Einschlafen ...“

Der größte internationale Erfolg der Ära Baric: Mit diesem Kader kam er über Besiktas Istanbul, Celtic Glasgow, Dynamo Dresden und Dynamo Moskau in der Saison 1984/85 ins Finale des Europacups der Cupsieger, das im De Kuip-Stadion von Rotterdam gegen Everton leider 1:3 verloren ging. Vordere Reihe von links: Peter Pacult, Leo Lainer, Hans Gröss, Funki Feurer, Michael Konsel, Karl Brauneder, Johann Pregesbauer, Zizo Kranjcar. Mittlere Reihe von links: Co-Trainer Willi Kaipel, Otto Baric, Antonin Panenka, Hans Krankl, Reinhard Kienast, Heribert Weber, Gerald Willfurth, Petar Brucic und Hermann Stadler. Letzte Reihe von links: Peter Hrstic, Kurt Garger, Karl Ehn und Rudi Weinhofer.

Kurze Verhandlung

NACH DEM EUROPACUPFINALE 1985 wechselte Otto Baric zum VfB Stuttgart – sein Nachfolger war Vlatko Markovic. Der nahm ins Sommertrainingslager an den Faaker See einige Talente mit – Andi Heraf, Andi Herzog, Peter Schöttel und Franz Weber. Eines Tages gab es unter den Jungen nur ein Thema. Nämlich die Profiverträge, die abends mit dem damaligen Boss Heinz Holzbach, der mit seinem Vertrauten Helmut Böhmert angekündigt war, ausgehandelt werden sollten.

Andi Herzog war neugierig, fragte Weber beim Abendessen: „Na, Franzi, wie machst denn das, wie wirst du denn da verhandeln?“ Weber nannte ihm einen sechsstelligen Betrag, den er fordern wollte. Darauf Herzog: „Na Franzi, ist das nicht viel zu viel? Das ist ja Wahnsinn!“ Webers Antwort: „Bist verrückt? Nachlassen kann ich immer noch!“ Nach dem Abendessen wurde Franzi als Erster von Holzbach mit den Worten „Herr Weber, können wir mit ihnen reden?“ in einen Nebenraum zum Verhandeln gebeten. Es verging keine Minute, da öffnete sich die Tür, und Weber kam schon wieder heraus. Der neugierige Herzog fragte sofort: „Franzi, was is? Haben's das akzeptiert?“ Weber schaute verdutzt, gab zu: ***„Die haben mich nur gefragt, ob ich ein bissl deppert bin!“***

In einem Boot am Faaker See, gezogen von Krankl und Feurer: Der junge Herzog (rechts hinter Michael Konsel) neben Zizo Kranjcar .

Im Frühjahr 1988 wurde Andi Herzog von Rapid an Vienna für ein halbes Jahr verliehen. Weil es Herzog auf der Hohen Warte bei Ernst Dokupil so gut gefiel, wollte er vorerst gar nicht mehr zu Otto Baric nach Hütteldorf zurück. Das Hin und Her beschäftigte auch die Karikaturisten.

Schönes Andenken an die Rapid-Zeit: In der lernte Andi seine heutige Frau Kathi kennen.

Keiner in der Sauna

Unter der Dusche wurde Andi Herzog bei Rapid viel lockerer.

ABER ALLES LÖSTE SICH noch in Wohlgefallen auf. Ein Jahr später kam Baric wieder zu Rapid zurück. Herzog gehörte zum Profikader, war damals noch vor jedem Training nervös. 1986 zog sich bei Rapid der Trainer noch in der gleichen Kabine wie die Spieler um – das Privileg einer eigenen Trainerkabine führte erst neun Jahre später Ernst Dokupil ein. Herzog hatte vor Baric fast etwas Spundus, auf jeden Fall sehr viel Respekt. Das sollte sich vor einem Derby gegen Austria ändern. Schuld daran war wieder einmal ein Spieler namens Herbert Feurer.

Noch heute kann man bei Rapid von den Duschen direkt in den Saunaraum zum Schwitzen gehen. Unter Baric gab es aber ab drei Tage vor einem Spiel striktes Saunaverbot! Einen Tag vor dem Derby stand Herzog unter der Dusche, als er plötzlich Feurer schreien hörte: „Seid's ihr denn schon alle deppert? Ihr seid's ja wahnsinnig. Einen Tag vor so einem wichtigen Spiel, bei dem es um die Tabellenführung geht, setzt's ihr euch noch in die heiße Sauna!" Kaum hatte Feurer ausgesprochen, kam Baric schon wie ein schwarz gefärbter „Pfitschipfeil" in die Dusche geschossen, riss die Saunatür auf, brüllte: ***„Äh, Äh, was machen sie hier?"***
Sein Pech: Der Saunaraum war stockdunkel, keiner saß drinnen. Feurer stand unter der Dusche, verzog keine Miene, als ihm Baric heftigste Vorwürfe machte: ***„Äh, äh, Funki, was redst du da für Blödsinn? Und glaubst du wirklich, das ist lustig, du mit deine blöden Schmäh?"*** Herzog traute sich nicht zu lachen, obwohl ihm danach war: „Von da an war ich auch etwas lockerer, weil ich merkte, wie der Funki den Trainer auf Hin und Her hatte!"

RAYMOND WEIL
GENEVE

Freunde werden sie nie mehr …

Zwei gegen einen, der nichts redet, sondern nur lacht. Otto Baric, assistiert von seinem Co-Trainer Marinko Koljanin, beim Supercupspiel Salzburg – Rapid 1995 in Kapfenberg.

Das kann Otto Baric besser als Ernst Dokupil: hitverdächtig kroatische Volksweisen singen. Ein heißer Tip für den Musikantenstadl.

Das kann Ernst Dokupil besser als Otto Baric: eine Goas melken. Ein heißer Tip für „Land und Leute“.

Das Urgestein

SCHÖTTEL

SCHORN

DAS KAMPFGEWICHT STIMMT

... das war für Peter Schöttel nie ein Problem.

Auch Siegerehrungen können anstrengend sein: Kapitän Schöttel mit dem Pokal nach dem Cupsieg 1995 auf der Ehrentribüne des Happel-Stadions kurz vor seinem ersten Schlaganfall ...

Schöttel bei der Einstimmung auf schottische Gegner mit Dudelsack, Sohn Patrick und Tochter Nicole.

Nicht nur ein Abwehrstratege, sondern auch die grün-weiße Antwort auf Al Bano und Romina Power: Andi Heraf und Peter Schöttel als Showstars bei einer Rapid-Weihnachtsfeier.

Die Fans feierten ihn bei seinem 400. Bundesligaspiel für Rapid mit einem Riesen-Transparent und einer Torte. Das Geschenk Rapids: Seine Rückennummer 5 wird nach seiner aktiven Karriere zehn Jahre lang nicht mehr vergeben.

HERRSCHER IN DER GRUAB'N

Small Talk zwischen Sturm-Boss Hannes Kartnig und Ernst Dokupil am alten Sturm-Platz.

Wer sitzt da neben den Scheichs und Franz Beckenbauer in Kuwait auf der Ehrentribüne ...?

Was besprechen die Damen über das Rapid-Betreuerteam?
Von links: Brigitte Feurer, Eveline Dokupil, Karin Meyer und Renate Lugscheider.

Funki kann so leicht

Ein Leben unter der Devise „Ein Herz für Tiere". Sowohl in der Wiener Stadthalle bei Artisten – Tiere – Attraktionen wie auch im Safaripark Gänserndorf als Patenonkel für Junglöwen mit Hans Krankl.

man nicht einen Bären aufbinden!

Vom Reini zur Weinbergschnecke

Klein Reini 1965 im ersten Schuljahr. Noch keine Spur vom „Langen“, der 14 Jahre für Rapid spielte, 393 Spiele bestritt, vier Jahre lang auch Kapitän war. 1982 jubelte er über seinen ersten Meistertitel, vier Jahre später verspottete ihn Max Merkel in der „Bild“-Zeitung vor dem Länderspiel Österreich – Deutschland als „... langsam wie eine Weinbergschnecke“. Kienasts Antwort: zwei Tore bei Österreichs 4:1-Sieg

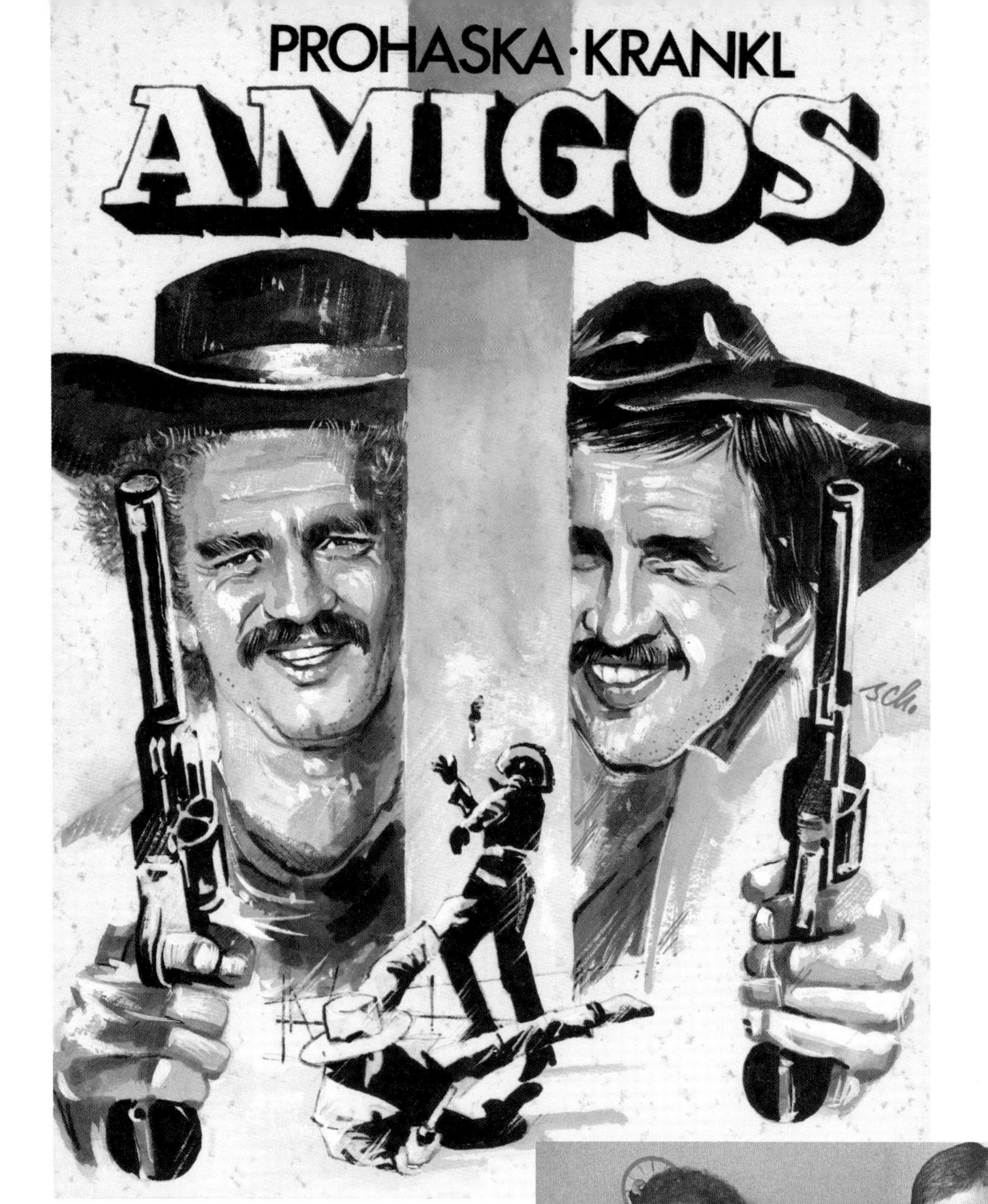

Die Rivalität zwischen den Wiener Großklubs Rapid und Austria ist legendär. Wenn es dabei Persönlichkeiten wie Hans Krankl und Herbert Prohaska gibt, liefert das Gesprächsstoff für Jahre und viele Karikaturen. Auch wenn die „Rivalen“ in jüngeren Jahren privat so manches gemeinsam unternahmen, etwa den Besuch bei den Musicalstars von „Cats“ im Theater an der Wien.

Der Modezar von

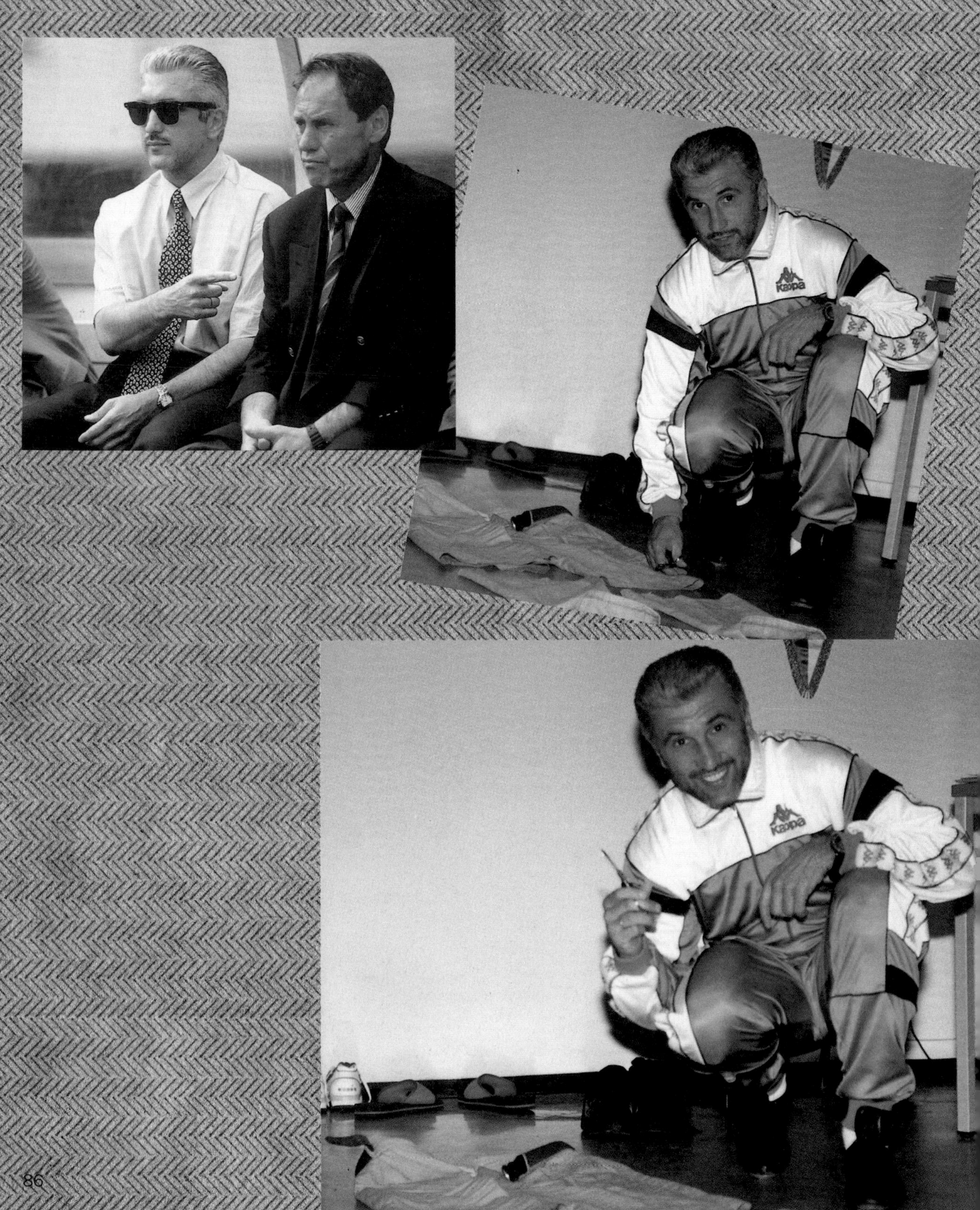

Hütteldorf ...

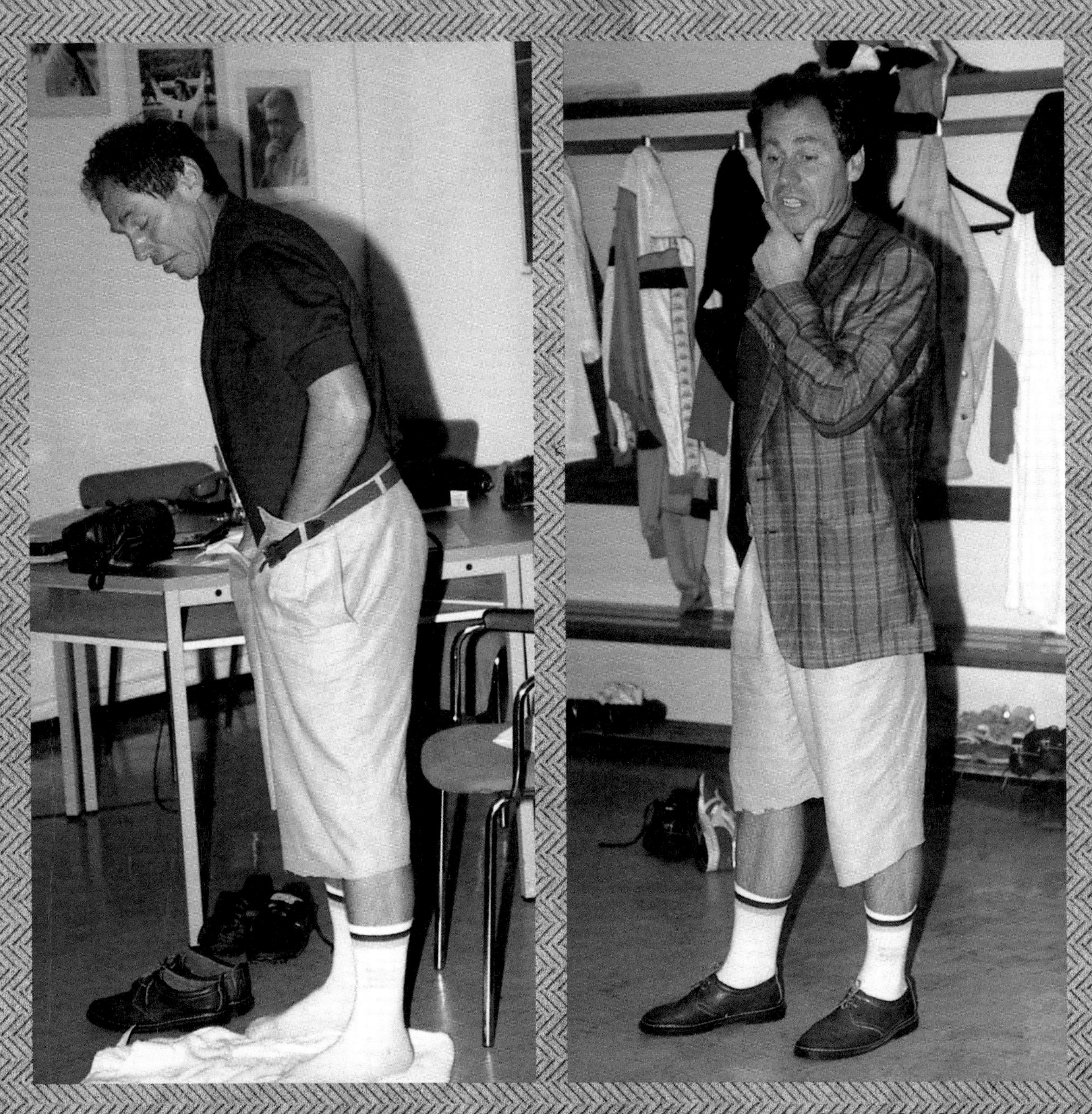

Beim stets top-gekleideten und dem neuesten Mode-Trend folgenden Chef Hans Krankl mussten auch seine Assistenten aufpassen. Auf der Bank kam Franz Hasil diesem Befehl nach. Aber beim Training schnitt Krankl einmal Hasil kurzerhand die Hose ab, weil er die nach Ansicht des „Modezaren“ Krankl schon zu oft getragen hatte. Hasil konnte es kaum fassen. Aber Beobachter berichteten, dass Hasil danach trotzdem drei Wochen auch Krankls Short-Version trug.

JOHANN K.

Johann K. mit seiner Rockband „Smoke Stake Lightning“

Auch als Trainer hatte Hans Krankl mitunter noch Zeit, in die Rolle des Showstars „Johann K." zu schlüpfen und sich bei einigen Benefizkonzerten für eine gute Sache zu engagieren. Ab und zu stellte sich auch „Funki" als Begleitsänger zur Verfügung – allerdings nur mit „Playback".

Der Jahrhundert-Ra

Zum 100. Geburtstag Rapids 1999 ließ Andy Marek die Rapid-Fans den „Rapidler des Jahrhunderts" wählen. Überlegener Sieger: Hans Krankl. Mit einem Riesenpokal wurde er beim Jubiläumsturnier im Happel-Stadion ausgezeichnet – das rührte sein riesiges grün-weißes Herz merkbar. Auch einer der größten Krankl-Fans, Roland Holzinger (oben) war glücklich, Michael Konsel, damals siegreicher Gast mit AS Roma, gratulierte.

Vom HERZbuben zum

HERZOG ...

Die Schusshaltung war schon im Mai 1970, als Andi noch nicht einmal zwei Jahre alt war, vielversprechend. Alles passierte auf den Trainingsplätzen des Wiener Stadions beim Training des Wiener Sportklubs, für den Andis Vater damals spielte.
Andi war immer ein Herzbube, egal ob unter dem Christbaum mit seiner Schwester, beim Italien-Urlaub in grüner Badehose (da kündigte sich schon der spätere Rapidler an) oder auch in der Realschule Singrienergasse.
Aber das alles ist Schnee von gestern. Spätestens in Bremen wurde er zum Herzog. Parallelen bei der Schusshaltung zwischen 1970 und 2000 sind nicht zu übersehen. Und ganz Rapid wartet auf die Rückkehr ...

EIN RUHEPOL!

Didi wie er leibt und lebt.

„So feiert Rapid Meistertitel“ oder „Burgenländer unter sich“.

Das Schlammballett von Einge
– aber wo ist Didi Kühbauer?

r kleine Schreier ganz rechts!

Derby-Geflüster zwischen Andi Ogris und Didi Kühbauer

Rapid-Beauty-Farm

HERR WOLFGANG FREY BEIM FIGARO DIDI KÜHBAUER ...

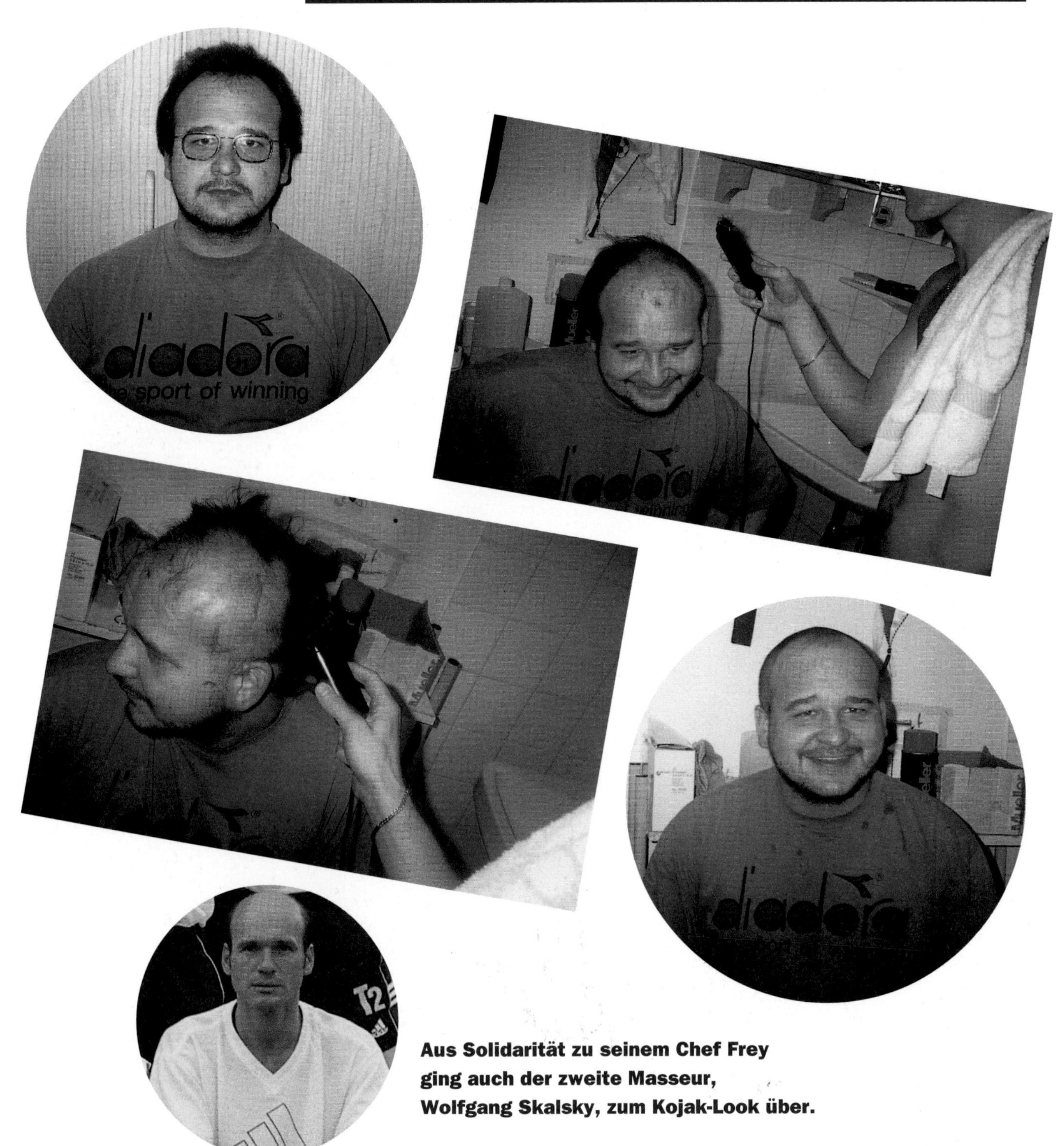

Aus Solidarität zu seinem Chef Frey ging auch der zweite Masseur, Wolfgang Skalsky, zum Kojak-Look über.

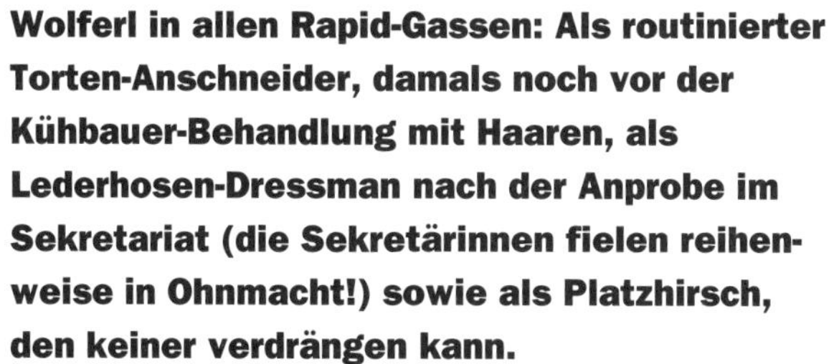

Wolferl in allen Rapid-Gassen: Als routinierter Torten-Anschneider, damals noch vor der Kühbauer-Behandlung mit Haaren, als Lederhosen-Dressman nach der Anprobe im Sekretariat (die Sekretärinnen fielen reihenweise in Ohnmacht!) sowie als Platzhirsch, den keiner verdrängen kann.

EIN FREUND, EIN GUTER FREUND ...

RAIMUND HEDL
oder: Nach einer Niederlage möchten mitunter viele den Kopf in den Sand stecken.

Weltstars bei Rapid

1999 bat auf der Weihnachtsfeier in der Wiener Stadthalle sogar Michael Jackson alias Andi Heraf die grün-weißen Fans aus der damaligen Ministerriege, Rudolf Edlinger (links) und Karl Schlögl (rechts), auf die Bühne. Und gleich darauf schmetterte Freddy Mercury alias Michael Hatz mit Inbrunst „Barcelona“.

Maskenmann

Miteinander verbreiten sie bei den Stürmern Angst und Schrecken – Michael Hatz und das Kraftpaket Kryzstof Ratajczik. Hatz muß nicht einmal mit Grimassen Eindruck schinden oder als Maskenmann – es genügt seine Härte. Die Maske zum Schutz der gebrochenen Nase testete er nur im Training, gespielt hat er damit nie. Auch wenn ein Zuschauer in Ried ihm aufgeregt zurief: „Hatz, nimm die Maske runter!"

... und Überflieger

Spezielles Kopfballtraining für Krysztof Ratajczyk

Die Perlen

Rapids weibliche Perlen halten Grün-Weiß jahrzehntelang die Treue: Gaby Fröschl (oben) dirigiert bereits seit 15 Jahren das Sekretariat, das Zeugwart-Ehepaar Vroni und Johnny Ramhapp (rechts) herrscht seit 17 Jahren über Dressen, Schuhe und alle anderen Ausrüstungsgegenstände – und sie dürfen als einzige hochoffiziell die Rapid-Schmutzwäsche waschen ...

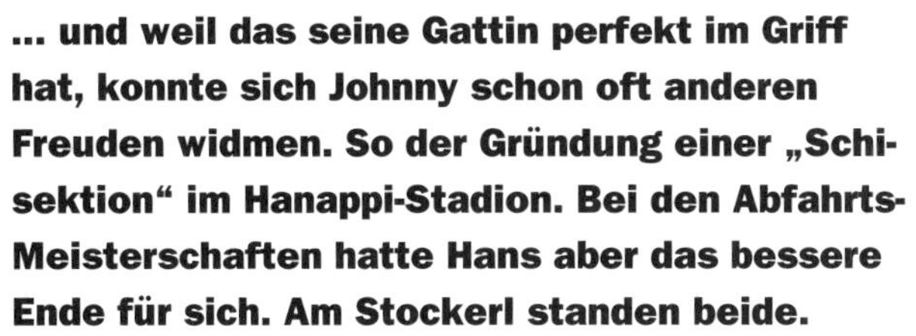

… und weil das seine Gattin perfekt im Griff hat, konnte sich Johnny schon oft anderen Freuden widmen. So der Gründung einer „Schisektion" im Hanappi-Stadion. Bei den Abfahrts-Meisterschaften hatte Hans aber das bessere Ende für sich. Am Stockerl standen beide.

Grün-Weiß privat

„Who is who" beim Rapid-Gschnas Anfang der Siebzigerjahre.
Von links Neandertaler Gustl Starek, Jörn Bjerregaard, Tormann Bent Martin und Husar Hans Buzek arretieren den Sträfling Rudi Flögel.

Der „FC Baric" bei einer der vielen Siegesfeiern der Achtzigerjahre mit Champagner: Sulejman Halilovic, Zizo Kranjcar und Peter Brucic (von links)

Man kann auch an der Ostsee Urlaub machen. Jens Dowe mit seinem massierenden Fan Wolfgang Frey.

Rapid 2000

Hintere Reihe: Florian SCHWARZ, Michael HATZ, Krzysztof RATAJCZYK, Oliver FREUND, Thomas ZINGLER, Günter SCHIESSWALD, Rene WAGNER, Ernst DOKUPIL (Sportmanager)

Mittlere Reihe: Dr. Robert LUGSCHEIDER (Teamarzt), Johann MEYER (Konditionstrainer), Herbert FEURER (Co-Trainer), Jens DOWE, Jürgen SALER, Gaston TAUMENT, Dejan SAVICEVIC, Oliver LEDERER, Arnold WETL, Johann RAMHAPP (Ausrüstung), Peter PERSIDIS (Co-Trainer)

Vordere Reihe: Wolfgang FREY (Masseur), Peter SCHÖTTEL, Roman WALLNER, Jürgen KAUZ, Ladislav MAIER, Raimund HEDL, Andreas IVANSCHITZ, Zeljko RADOVIC, Andreas LAGONIKAKIS, Wolfgang SKALSKY (Masseur)

Rapid 3000

Beim ersten Trainingslager im August 2000 in Ravelsbach. Die Ansätze waren vielversprechend, immerhin gab es ein 6:6 gegen die Sekretariats-Mannschaft. Positiv zu erwähnen: Rapid-Anwalt Haimo Puschner als Gastgeber und zweifacher Torschütze. Vollblutstürmer Vize-Präsident Peter Weber ging trotz vorbildhaftem Einsatz leer aus.
Von links stehend: Non-Playing-Captain Peter Strecha, Ernst Dokupil, Haimo Puschner, Peter Persidis, Ernst Hochhofer (Skandal-Referee) und Peter Weber.
Von links hockend: Werner Kuhn, Josef Hruby und Funki Feurer.
Am Boden zerstört: Rechtsanwalt Nikolaus Rosenauer

Mülltonne für den „Homosexuellen"

ZU BEGINN der Neunzigerjahre war ein „Wikinger" der Liebling des Rapid-Anhangs: Der Norweger-Stürmer Jan Age Fjörtoft – einer, der auch herzlich lachte, bei den Rapid-Siegesfeiern im „Noodles" am Karlsplatz auch sein Talent am Klavier und als Sänger des Beatles-Hits „Let it be" unter Beweis stellte. Schon in seiner ersten grün-weißen Saison wurde Fjörtoft von seinen Fans gepusht – er war auf der Liste der beliebtesten Fußballer immer an der Spitze zu finden. Sein größter Konkurrent war sein Trainer – Hans Krankl, der als Spieler noch „wählbar" war, weil er im Frühjahr davor Salzburg zum Aufstieg geschossen hatte. Bevor Fjörtoft zum Winterurlaub in seine Heimat fuhr, prophezeite ihm Krankl: „Die Trophäe bleibt sicher bei mir, gegen mich hast du keine Chance!" Wie bei der „Krone" üblich, wurde am Montag vor dem Start der Frühjahrssaison der Sieger bekannt gegeben und gleich geehrt – damals im „Hilton"-Hotel am Stadtpark. Der Sieger mit den meisten Stimmen hieß nicht Krankl, sondern Fjörtoft.
Der war natürlich bester Laune, als er am nächsten Tag zum Training kam, und fragte Krankl: „Na, Trainer, was machen Sie jetzt mit dem freien Platz in Ihrem Trophäenschrank?" Krankl schluckte, gab keine Antwort, tat so, als ob er nichts gehört hätte. Fjörtoft weiß bis heute nicht, ob es nur Zufall war, dass er im ersten Frühjahrsmatch gegen die Vienna dann nur auf der Ersatzbank saß ...

KRANKL UND FJÖRTOFT – das war eine Art „Hassliebe". Krankl hatte eigentlich für den Norweger und seine lustige Art viel übrig, kritisierte ihn aber auch schonungslos. Als ehemaliger Weltklassestürmer stellte er gerade an die Angreifer sehr hohe Ansprüche. Einmal baute er bei einer Besprechung in der Kabine sogar eine Mülltonne vor Fjörtoft auf und sagte in barschem Ton: „Jan, nicht einmal die kannst du überspielen!"

Verlieren konnte Krankl ganz schlecht – da mussten sich die Spieler danach bei der Manöverkritik stets einiges anhören, Fjörtoft einmal sogar den Satz: ***„Du spielst wie ein Homosexueller!"*** Das war auch Fjörtofts Freund Andi Herzog zu viel. Beide stritten zwar oft, hielten aber im Endeffekt immer zusammen. Also ging Herzog beim Training zu Krankl, gab ihm zu bedenken, dass er mit seiner Kritik vielleicht zu weit gegangen sei.

Am nächsten Tag gestand dies Krankl etwas zerknirscht vor der Mannschaft in der Kabine ein. Da stand Fjörtoft auf, meinte ganz cool: ***„Ich habe letzte Nacht mit meiner Frau Marianne darüber gesprochen, die glaubt das auch. Sie kann Ihre Meinung wirklich nicht bestätigen!"*** Fjörtoft hatte erst eine Woche vor seinem Transfer zu Rapid in Norwegen geheiratet ...

Mit der Kraft des Wikingers: Jan-Age Fjörtoft in seinem Element.

Nein zum Dressentausch

ANFANG der Neunziger sah's für Rapid gar nicht so schlecht aus. Zwar gab's gegen die Austria eine unglückliche Niederlage im Cupfinale, aber im Herbst 1990 konnte im UEFA-Cup im Hanappi-Stadion immerhin Inter Mailand mit seinen deutschen Topstars Lothar Matthäus, Jürgen Klinsmann und Andi Brehme, die kurz davor Weltmeister geworden waren, 2:1 bezwungen werden.

Zum Lachen fand Jan Age immer einen Grund – hier mit Reinhard Kienast

Großen Anteil daran hatte ein Joker – Franz Weber, der zur Pause beim Stand von 0:1 eingetauscht wurde, von Trainer Hans Krankl darauf eingeschworen, ja hinten zu bleiben, den Millionenstars keinen Platz zum Kontern zu geben. Ganz hielt sich Weber nicht daran – er erzielte das 1:1, legte das 2:1 auf. Nachher Jubel, Trubel, Heiterkeit – alle tauschten mit den Inter-Stars die berühmten schwarz-blau gestreiften Trikots, nur Franz Weber nicht.

Das bemerkte auch Krankl, als er nach seinem „Interviewslalom" in die Kabine kam, Weber umarmte und zur Leistung gratulierte. Da fragte Krankl: „Franzi, warum hast du nicht dein Leiberl getauscht?" Die schlagfertige Antwort des Matchwinners: ***„Was will'st denn mit denen? Eins geschossen, eins aufgelegt – die müssen zu mir kommen!"***

TRAININGSLAGER sind oft der Ort der großen Aussprachen, so auch bei Rapid und Krankl. Eine Episode erzählt Fjörtoft noch heute liebend gerne und biegt sich dabei vor Lachen. Krankl zu den Spielern: *„Vielleicht bin ich bisher zu wenig auf euch eingegangen. Sagt mir jetzt, was euch beschäftigt, was euch nicht passt. Ich garantiere, alles bleibt in diesen vier Wänden, ich werde darüber nachdenken!"* Als der damalige zweite Torhüter Andi Koch sagte: *„Ich glaube, dass ich viel zu wenig spiele"*, waren aber alle guten Vorsätze des Trainers vergessen. Da brüllte Krankl zurück: *„Du musst doch überhaupt froh sein, dass Du bei Rapid im Profikader sein darfst!"* Aber lange war Krankl Koch deshalb nicht böse. Im Gegenteil. Als Krankl später Trainer bei Mödling und Rapid war, verpflichtete er jeweils Koch als seine Nummer eins ...

WELTWEIT DIE NR. 1

Entscheiden Sie sich jetzt für die beliebteste Kreditkarte der Welt.
Für die VISA-Karte. Denn mit keiner anderen Kreditkarte
können Sie bei mehr Vertragspartnern weltweit bargeldlos zahlen.
Deshalb ist VISA weltweit die Nummer 1.

Mehr Infos unter:
www.visa.at

AHA PUTTNERBATES

Kaffee und Kuchen

DER SIEG über Inter Mailand sollte für einige Zeit das letzte Rapid-Highlight bleiben, sogar auf Jahre hinaus. Von da an ging's bergab. Es kamen schwere Zeiten auf den Rekordmeister zu. Keine Erfolge, kein Geld in der Kassa, keine Zuschauer. In diesen Phasen, etwa im Frühjahr 1994, konnte es passieren, dass die treue Seele im Sekretariat, Gaby Fröschl, bei Telefonanrufen auf die Frage, wann denn Rapid spiele, in Erinnerung an einen der bekanntesten Witze Toni Strobls von den legendären „Spitzbuam" antwortete: „Na, wann sollen wir denn spielen? Wann wollen s' denn kommen?" Aber alles sollte sich ändern, als im Juni 1994 Ernst Dokupil zum zweiten Mal die Rapid-Bühne betrat. Diesmal als Trainer. Aus Schutt und Asche (das Ausgleichsverfahren vor dem Wiener Handelsgericht war schon im Laufen) ging's steil bergauf – ein neuer Rapid-Boom entstand. Speziell während des Höhenfluges im Europacup bis ins Finale 1996. Im ORF jagte eine Rapid-Story die andere.

Ernst Dokupil liebt Süßigkeiten aller Art

IN DIESER ZEIT gastierte Rapid auch zu einigen Goodwill-Spielen in den Bundesländern. Unter anderem in Leobendorf. Kaum war Dokupil aus dem Rapid-Bus ausgestiegen, kam ihm ein fünfjähriger Bub entgegengelaufen: ***„Jö, mei Ernsti, der Ernsti, der Ernsti. Ich hab' ja gar nicht g'wusst, dass es euch wirklich gibt. Ich hab' glaubt, ihr seid's nur im Fernsehen!"*** Der Bub nahm Dokupil total in Beschlag, saß neben ihm auf der Betreuerbank, konnte nachher von seiner Mutter nicht dazu bewegt werden, nach Hause zu gehen. Das gelang erst, als der Rapid-Bus schon wieder Richtung Wien unterwegs war.

Zu der Zeit gaben sich in Dokupils Trainerkabine im Hanappi-Stadion die Journalisten die Klinke in die Hand. Alle wollten Interviews über die Hintergründe

des Rapid-Hochs. Da Dokupil und Feurer zu dieser Zeit auch sehr freundlich zu den Zeitungsschreibern und TV-Reportern waren, luden sie ihre Gäste stets auf einen Kaffee ein. Neben dem Zuckerstreuer stand cin Häferl mit Salz. Auf die Frage, was denn Zucker und was Salz sei, antworteten die gastfreundlichen Hausherren stets das Falsche. Also musste nicht nur einer spucken gehen, weil er sich Salz in den Kaffee geschüttet hatte. Aber das sprach sich bald herum. Also musste etwas Neues erfunden werden. Das Salz kam in den Zuckerstreuer ...
Irgendwo in der Kabine fand Dokupil einen Lebkuchen. Dessen Ablaufdatum war aber schon zwei Jahre überschritten. Trotzdem bot ihn der „gastfreundliche“ Dokupil den Journalisten zum Kaffee an und hörte danach nicht nur einmal von ihnen im Frust über den versalzenen Kaffee: „Das einzig' Gute bei euch war der Kuchen!“ – dessen Ablaufdatum schon weit überzogen war ...

BEI ALLER GASTFREUNDSCHAFT war es bei Dokupil und Feurer jedoch ein ungeschriebenes Gesetz, dass während des Trainings kein Journalist oder Fotograf den Platz betreten durfte. Als ein junger Fotograf beim Training Fotos von Funki Feurers Tormanntraining mit Michael Konsel schießen wollte, erlaubte sich Dokupil wieder einmal einen seiner Scherze: „Horch, du kannst gleich über den Rasen hinüber zum Herrn Feurer gehen. Der sagt dir dann, was du machen kannst!“

Der arme Fotograf trabte mitten während des Trainings quer über den Platz. Feurer reagierte wie eine Furie, schoss dem Fotografen eine Markierungsstange fast wie einen Speer nach, schimpfte wie ein Rohrspatz: ***„Stören Sie meine Arbeit nicht. Ich renn' ja auch nicht in Ihrer Dunkelkammer oder auf Ihrem Schreibtisch herum!“*** Dokupil konnte sich vor Lachen kaum halten ...

Ernst Dokupil greift nach jahrelanger Pause wieder zur Zigarette, wenn auch manchmal heimlich.

Lust auf Wien
SPORT

STADT
STADTINFORMATION 52
wien.online: www.wien.g

Kein Wunder, dass bei so vielen Süßigkeiten und Zigaretten bei Schussversuchen von Herrn Sportmanager Dokupil in Prominentenspielen oft nur noch der Rasen fliegt ...

Sieger sehen anders aus – Dokupil gezeichnet vom „Vernichtungstennis"

Dogge mit Mascherl

ALS DOKUPIL bei Rapid das Zepter übernahm, versuchte Hans Krankl beim FC Tirol ein neues „Dream Team“ zu formen. Er erzeugte dort anfangs eine Euphorie, als wäre im heiligen Land Tirol der neue Andreas Hofer erschienen. Als Krankl erfuhr, dass auf Dokupils Befehl im Hanappi-Stadion alle Krankl-Bilder von den Wänden in den Kabinen und auf den Gängen abgenommen wurden, ließ er Dokupil via Herbert Feurer bestellen, dass er darüber grenzenlos empört sei. Als Reaktion darauf rief Feurer in der Woche vor Tirols Gastspiel im Hanappi-Stadion jeden Tag bei Krankl an, sagte immer nur einen Satz, ehe er aufhängte: „Noch fünf Tage, noch vier Tage, noch drei Tage, ...“ – Psychoterror „à la Funki“. Am Matchtag glaubte Krankl nicht recht zu sehen, als er die Tirol-Kabine betrat. Die hatte Dokupil zum „Krankl-Mausoleum“ verwandeln lassen. Überall hingen Krankl-Bilder. Und zwar so weit oben, dass er sie nicht abnehmen konnte. Richtig glücklich konnte er damit nicht werden. Denn Tirol verlor 2:4 ...

Einen Jagdhund namens Diego hat Famlie Dokupil schon ...

SEINEN 50. GEBURTSTAG feierte Dokupil im April 1997 mit einer großen Fete für mehr als 60 Personen im Tenniszentrum Höllrigl in Kottingbrunn. Eine Woche vorher rief Herbert Feurer Dokupils Gattin Evi an: „Was kann ma' dem Ernstl schenken"? Doch die hatte nicht sofort einen Tipp parat, daraufhin Feurer: „Ich weiß es schon. Ich schenk' ihm einen Hund!" Frau Dokupil war entsetzt: „Nein, ja keinen Hund! Wir haben eh' schon zwei. Ja keinen Hund mehr!" Aber Feurer ließ nicht locker, sekkierte die arme Frau Dokupil weiter, rief zwei Tage später wieder an, um wieder die flehentliche Bitte zu hören: „Ja nur keinen Hund!" Daraufhin wusste Feurer, was zu tun ist. Er zog Zeugwart Johnny Ramhapp ins Vertrauen: „Du musst mir die größte Dogge besorgen, die in deiner Gegend aufzutreiben ist!" Ramhapp stammt aus Felixdorf. Einen Tag später kam Johnnys Erfolgsmeldung: „Ich hab' schon eine!" Zur gemütlichen Geburtagsfeier kam Feurer mit etwas Verspätung, als das Essen schon vorbei war. Dokupil: „Der Funki kam mit einer Dogge, die fast so groß war wie er. Mit einem wunderbaren Mascherl um den Hals. Meine Frau hat neben mir fast der Schlag getroffen. Die hat geglaubt, er schenkt mir wirklich einen Hund!" Dabei war die Dogge nur für die Feier „geleast". Feurer: „Ich hab' mich vor dem Riesenhund fast gefürchtet!"

Zum 50. Geburtstag bekam der Herr des Hauses noch eine Dogge mit Mascherl. Die Gattin traf fast der Schlag ...

Die Daltons

KEIN ZWEIFEL, bei Dokupil hatte der bereits zwei Jahre vor seiner Ära verpflichtete Didi Kühbauer einen Stein im Brett. Aber Kühbauer zahlte dies auch mit Leistungen zurück. Und zudem waren Kühbauer und seine „Spießgesellen“ unbezahlbar für die gute Stimmung. Die Spießgesellen waren Zoki Barisic, Stefan Marasek und Sergej Mandreko. Obwohl sie später bei verschiedenen Klubs in verschiedenen Länder spielten, riss der Kontakt zwischen dem Schmähbruder-Quartett nie ab. Bis heute nicht. Als Verbindungsglied fungiert oft Rapids Masseur Wolfgang Frey. Dokupil ernannte das Kühbauer-Quartett, frei nach den vier Cowboys aus einer US-Fernsehserie, die immer nur Blödsinn im Kopf und immer nur Pech haben, zu den „Daltons“. Vor den Streichen der Daltons war keiner sicher – weder Politiker, noch die Trainer, noch der Masseur, schon gar nicht der Klubarzt oder der Rapid-Manager.

Werner Kuhn

SO LITT WERNER KUHN im Frühjahr 1995 auf der Heimfahrt vom 3:2-Zittersieg im Cup in Wörgl im Autobus Höllenqualen. Noch auf Tiroler Boden läutete plötzlich das Handy von Kuhn. Es meldete sich die Tiroler Kronen-Zeitung, Redaktion Innsbruck. Berichtete von einem Protest Wörgls gegen die Beglaubigung des Resultats, weil der Neo-Rapidler Peter Guggi noch aus seiner Admira-Zeit eine gelbe Karte zu viel hatte, gar nicht spielberechtigt war, was übersehen wurde. Deswegen werde das Spiel strafverifiziert und Wörgl aufsteigen ...
Kuhn fiel das Herz in die Hose, dachte sich, das kann's nicht geben, flüchtete sich in seine bekannte Floskel: „Ich rufe Sie zurück, das muss ich überprüfen!“ Beim Workaholic Kuhn soll es ja schon vorgekommen sein, dass sein Rückruf, wenn überhaupt, erst eine Woche später erfolgte ...

Kuhn dachte im Bus krampfhaft nach: „Was mach' ich jetzt?“ Bevor noch der große Angstschweiß ausbrach, klingelte das Handy wieder: „Grüß Gott, Herr Kuhn, hier spricht die Tiroler Tageszeitung. Wir haben gerade einen Protest von Wörgl bekommen, dass der Spieler Guggi ...“ Kuhn wusste nicht mehr, wo sein Herz schlägt, der Puls raste mit Tempo 150 ...
Die Anrufe gingen so bis knapp vor Wien weiter, es kam auch noch das ORF-Studio Tirol dazu. Was Kuhn nicht merkte war, dass in der letzten Reihe vier Spieler nebeneinander saßen, die ihn wechselweise als Tiroler Krone, Tiroler Tageszeitung, ORF, etc. anriefen ...
Kuhn überlegte die ganze Zeit schon krampfhaft: „Wie sag' ich das dem Dokupil, wenn wir vor dem Hanappi-Stadion aussteigen?“ Dort wurde Kuhn dann erlöst. Zoki Barisic klopfte ihm auf die Schulter, sagte erleichternd: „Du brauchst dem Trainer nichts sagen, unser Sieg zählt, wir sind aufgestiegen. Das waren die ganze Zeit wir!“ Kuhn: „Wenn das jemand gehört hätte, welcher Stein mir vom Herzen plumpste. Das war der reine Wahnsinn!“

Die Daltons im Sträflingsgewand: Kühbauer, Marasek, Mandreko, Barisic (von links)

Hosen kann man lang und kurz tragen – Marasek, Kühbauer, Barisic. Aber wo ist Sergej Mandreko

Trifon Ivanov mit dem Meisterteller – links neben ihm sein Förderer Hannes Nouza. Für den diese Feier ohne Folgen blieb, andere nicht ...

Der Schuh-Krach

ERSTER GROSSER ERFOLG unter Dokupil war dann auch der Cupsieg 1995. Damals war Hannes Nouza mit „Avanti" der Sponsor Rapids, die Spieler sagten auch „Präsi" zu ihm. Damals hatte Rapid keinen Präsidenten. Vor dem Cupfinale bekam die ganze Truppe neue dunkelgrüne Schuhe aus dem Hause Leopold Reiter, vermittelt vom Sollenauer „Schuhpapst" Franz Wunderl. Gefeiert wurde der Cupsieg nach dem Finale in Neustift beim Heurigen „Fuhrgassl Huber". „Funki" Feurer saß neben Nouza, sagte zu vorgerückter Stunde: „Präsi, wieso haben Sie nicht die neuen Rapid-Schuhe an? Sie gehören ja zu uns!" Nouza erwiderte leicht vorwurfsvoll, dass er ja keine bekommen habe. Feurer fragte ihn nach seiner Schuhgröße, und als er 43 hörte, ordnete Feurer den Schuhtausch an, dem Nouza sofort zustimmte. Er überließ Feurer seine ultraleichten Mokassins, worüber der sogar froh war, weil ihm die Rapid-Schuhe eine halbe Nummer zu klein waren und etwas schmerzten.

Es wurde noch lange gefeiert – für Nouza begann aber der nächste Morgen fast mit familiären Verwicklungen. Seine Frau fragte ihn vorwurfsvoll, wo er denn gewesen sei, wenn er mit Schuhen, die er beim Weggehen noch nicht getragen hatte, heimkomme. Die wahre Version glaubte Frau Nouza erst nach einiger Zeit. Beim nächsten Match bekam Feurer von Nouza nochmals neue Schuhe ...

Ein neues Wunder!

NACH DEM CUPSIEG vermittelte Nouza an Rapid den bulgarischen Teamspieler Trifon Ivanov zur Verstärkung der Abwehr. Ivanov brachte den Ruf eines nicht leicht zu behandelnden Exzentrikers zwischen Genie und Wahnsinn mit nach Wien.

Aber zum Einstand spielte er eine Riesensaison, in der er auch mit einer Wunderheilung von sich reden machte: Nur fünf Tage nach einer Arthroskopie im Knie, wegen eines eingerissenen Meniskus, spielte Ivanov schon wieder in Lissabon beim Europacupspiel gegen Sporting. So grimmig Ivanov auch oft dreinblickte, er war für jeden Schmäh zu haben – so auch am Spieltag in Lissabon. Zum Auflockern trainierte Rapid auf dem Rasen des „Hotel Village" in Cascais, einem Nobelvorort im Süden Lissabons.

Plötzlich hielt sich Ivanov das operierte Knie, brach zusammen, ließ sich mit schmerzverzerrter Miene auf das Hotelzimmer bringen. Hinter ihm Arzt Robert Lugscheider und Konditionstrainer Hans Meyer mit bleichem Gesicht. Meyer, der sich um Ivanovs Knie mehrere Tage oft stundenlang bemüht hatte, fürchtete schon: ***„Alle Arbeit umsonst!"*** Nach einer halben Stunde kamen beide mit betretener Miene zu Dokupil und Feurer an den Tisch, diskutierten mit ihnen, was denn da passiert sein könnte.

Plötzlich tauchte Ivanov auf, nicht mehr mit so schmerzverzerrtem Gesicht, nicht mehr so arg humpelnd. Nach weiteren fünf Minuten begann er plötzlich trotz dickem Verband, den ihm Lugscheider angelegt hatte, mit Kniebeugen: ***„Kein Problem, alles gut, ein neues Wunder!"*** Da hielten es Dokupil und Feurer nicht mehr aus, mussten lachen, liefen davon. Lugscheider warf ihnen ergrimmt seinen Hotelzimmerschlüssel nach: ***„Ihr Banditen!"***

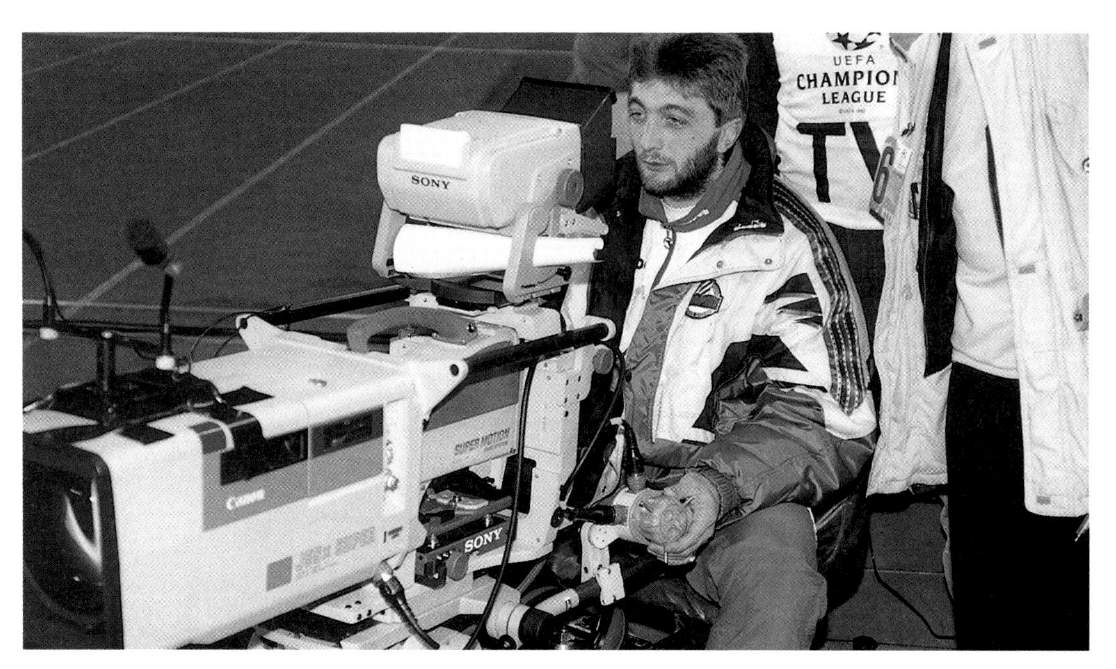

Ivanov hatte meist den richtigen Durchblick, wusste, was er tun musste und was nicht.

Schwarzfahrer Kasper

IM AUGUST 1995 bestritt Carsten Jancker sein erstes Meisterschaftsspiel bei Rapid – eingewechselt beim 3:1 gegen FC Tirol. Damals war er noch weit davon entfernt, eine feste Größe zu sein, hätte niemand gedacht, dass er zum arrivierten Star des deutschen Vorzeigeklubs Bayern München mit Millionengagen in D-Mark avancieren könnte.
Vor fünf Jahren war er noch eine von Toni Polster vermittelte unbekannte Leihgabe vom 1. FC Köln, die in ihrer ersten Zeit Teile der bescheidenen Gage in Hütteldorf darin investieren musste, ihre Verwaltungsstrafen zu bezahlen.
Denn schon in seinen ersten zwei Wochen in Wien wurde der blonde Hüne auf den Fahrten zum Training nach Hütteldorf in der U-Bahn erwischt. Als er dies erzählte, war ihm der Häkel ebenso sicher, wie nach dem Debüt – weil der damalige ORF-Kommentator ihn nicht Carsten Jancker nannte, sondern immer Kasper Jancker. Der Kasper verfolgte Jancker lange – erst der „Turban-Bomber“ verdrängte ihn. Und als er nach einer Supersaison das Angebot von Bayern annahm, zog Jancker folgende Bilanz über ein Jahr in Wien und bei Rapid: ***„Hier wird man nur verarscht, pausenlos verarscht!“ ...***

Auch das lernte „Kasper“ Jancker (links) in Hütteldorf: Hösche mit runtergerollter Hose.

Wie jede Neuerwerbung aufgenommen: Innenminister Karl Schlögl (rechts) und Staatssekretär Johannes Ditz neben Heraf und Schöttel.

Die Finalgon-Kur!

Der ehemalige Innenminister Karl Schlögl spielte in seiner Jugend kurz bei Rapid – seit damals schlägt sein Herz nur für Grün-Weiß. Ernst Dokupil und Herbert Feurer erfüllten ihm den großen Wunsch, einmal bei Rapid mittrainieren zu dürfen. Schlögl brachte den damaligen Finanz-Staatssekretär Johannes Ditz, auch ein bekennender Rapid-Fan, mit. Als beide bei der ersten Aufwärm-Runde noch miteinander plauderten, wies sie Feurer gleich zurecht: ***„Nichts da, reden könnt's im Parlament, nicht hier!"***

Nach dem Training noch Small Talk mit den Spielern und ab zu den nächsten politischen Terminen. Schlögl musste bei der Veranstaltung in Hadersdorf vor 200 Leuten das Hauptreferat halten. Schon zu Beginn des Referates wurde Schlögl sehr heiß – vor allem im Bereich der Unterhose und des Hemdkragens. Das wurde mit Fortdauer des Referates immer brennender. Schlögl konnte seinen Vortrag noch mit Müh' und Not beenden, stürmte dann sofort auf die Toilette, entledigte sich dort der Unterhose und des Hemdes und entdeckte, dass irgend jemand in die Hose und auf den Kragen eine durchblutende Salbe, die sehr stark brennt, geschmiert hatte. Schlögl blieb nichts anderes übrig, als nach Hause zu fahren und sich komplett umzuziehen – trotzdem brannte es noch einige Stunden. Auf der Heimfahrt meldete er sich am Handy von Ditz: „Brennt's bei dir auch?" Ditz darauf: „Ja, ich bin auch schon am Heimweg, um mich umzuziehen!"
Es stellte sich heraus, dass Didi Kühbauer und seine Daltons für alle Neuzugänge die Kur mit Finalgon (so heißt die Salbe) eingeplant haben. Für die Neuzugänge Schlögl und Ditz gab es keine Ausnahme ...

Die falschen Opfer

Trainingslager in Israel im Winter 1995, im Kibbuz Eingedi: Eines Tages gelang es den Spielern, ihren Trainer (Ernst Dokupil) und ihren Arzt (Robert Lugscheider) samt Gewand in den Swimming-Pool zu schmeißen. Zwei Tage später ein freier Nachmittag – geplant war eine Sightseeing-Tour nach Jerusalem. Dokupil besorgte sich von Zeugwart Johnny Ramhapp die kurzen Hosen der Spieler, schmierte sie alle mit Finalgon ein und riet den Spielern: *„Bei der Hitz' fahrt's mit den kurzen Hosen nach Jerusalem, das ist doch viel g'scheiter, sonst ist es nicht auszuhalten!"* Die Spieler zogen die kurzen Hosen an – es war nicht sehr angenehm, mit brennendem Hinterteil im Bus zu sitzen oder an der Klagemauer zu stehen ...

Versuchskaninchen. Übereinstimmende Diagnose für Patient Frey: Hopfen und Malz verloren!

Schönheitsmaske für den Medizinalrat – zu seinem Vorteil?

DIE SPIELER hatten sofort Lugscheider in Verdacht – das falsche Opfer. Aber das wussten sie nicht. Vor dem letzten Tag des Trainingslagers begann die große Finalgon-Rache. Die Spieler schlichen auf sein Zimmer, schmierten dort alles mit Finalgon ein – von der Türschnalle über die Bettdecke, den Kopfpolster, jedes Kleidungsstück bis zur Klobrille. In der Nacht musste Lugscheider viermal duschen gehen – aber egal, was er in seinem Zimmer tat, es hörte nicht auf zu brennen.

DER WAHRE SCHULDIGE Dokupil kam nur deshalb zum Handkuss, weil er das Zimmer neben Lugscheider hatte. Da er in der Nacht ständig das Wasser rinnen hörte, konnte er nicht schlafen.

AM NÄCHSTEN TAG beim Heimflug nach Wien – auch Hemd, Unterhosen und Socken des Rapid-Arztes waren mit Finalgon eingeschmiert. Lugscheider saß mit brennrotem Hals im Flugzeug, ein Schweißausbruch jagte den anderen. Er musste Höllenqualen gelitten haben. Endlich in Wien, eine Erlösung? Weit gefehlt! Am Tag danach hatte Lugscheider einen Termin in der Stadt, dachte sich, noch ein frisches Hemd vom Trainingslager übrig zu haben. Er zog es an – nach zehn Minuten in der U-Bahn begann ihm die Haut zu brennen. Aber er konnte nicht zurück, weil er den Termin dringend einhalten musste.
Das schrie ja förmlich nach Revanche. Bei Rapid sind die Trinkflaschen der Spieler mit Nummern markiert. Also kam Lugscheider auf die glorreiche Idee, den Daltons, die er nicht ganz zu Unrecht als Rädelsführer des Finalgon-Anschlags vermutete, bei einem Freundschaftsspiel, bei dem sie zur Pause ausgetauscht wurden, ein Abführmittel in ihre Trinkflaschen zu schütten. Aber die Daltons ahnten wohl, dass da etwas kommen werde, tauschten die Kapseln mit ihren Nummern auf andere Flaschen um.

So gab's wieder unschuldige Opfer – die kamen teilweise nicht vom Klo heraus. Und Lugscheider, der nichts von der Umtauschaktion ahnte, hatte plötzlich eine Höllenangst, dass sich ein unbekannter Magen-Darmvirus bei der Mannschaft eingeschlichen haben könnte ...

Im Wassergraben

Die Rapid-Spieler schätzen ihren seelensguten Arzt, der rund um die Uhr für sie da ist, so sehr, dass er bei ihnen vor nichts sicher ist. Während eines Sommer-Trainingslagers in Bad Tatzmannsdorf flog Lugscheider – mit Spielerhilfe – einmal in einen Bach neben dem Trainingsplatz, der an dieser Stelle recht tief und dazu noch versandet war. Dementsprechend schwer bis unmöglich war es, herauszukommen – denn der Hang war, so Lugscheider, „mörderisch steil, noch dazu voller Brennesseln." Die Spieler unter Rädelsführer Christian „Büffel" Stumpf heuchelten Mitgefühl: „Das könnts' doch nicht machen. Helft's dem Doktor raus". Sie packten ihn an den Händen, zogen ihn ein Stück raus, ließen aber dann mit der Bemerkung „Oje, das ist aber glitschig!" wieder aus. Lugscheider plumpste wieder in den Bach zurück. Mindestens dreimal wiederholte sich das Schauspiel, das die Dorfjugend inzwischen begeistert mitverfolgte und mit Applaus quittierte. Irgendwie gab's dann doch ein Entkommen.

In Dubai flog Lugscheider auf dem Trainingsplatz in einen Wassergraben der Hindernisbahn. Das war aber längst kein Wassergraben mehr, sondern ein „Kloakegraben". Die Spieler hatten sich provoziert gefühlt, weil ihr Doktor das harte Konditionstraining in der Sonne liegend mit wohlwollendem Kopfnicken quittiert hatte ...

AUTOGRAMMSTUNDE

Ebenfalls Schauplatz Dubai: Lugscheider lag am Swimming-Pool auf einer Liege. Auf einmal packten ihn von hinten kräftige Hände und hielten ihn fest, damit die Spieler ungestört zur Autogrammstunde auf Lugscheider's Körper schreiten konnten. Mit schwarzem Filzstift. Komischerweise hatte das Präsidiumsmitglied Haimo Puschner sofort eine Kamera dabei, um alles im Bild festzuhalten.

Aber die Spieler ahnten nicht, dass Lugscheider mit einer Desinfektionslösung die Autogramme rasch beseitigen konnte. Triumphierend kam er mit offenem Leiberl zum Essen. Die verblüffte Reaktion der Übeltäter: „Wie hat denn der Doktor des wieder g'macht?" ...

Aufgepackelt!

Zeitweise zählte es bei Rapid zum guten Ton, die Autos anderer „aufzupackeln“, das heißt: die Räder abzumontieren und als „Ersatz“ die Karrosse auf Ziegel und Holzstücke zu stellen.

Eine Zeit lang gingen die Rapidler vor Heimspielen gemeinsam in den Schottenhof zum Mittagessen. Zwanzig Minuten später begann in der Kabine des Hanappi-Stadions die taktische Besprechung. Für jede Minute Verspätung war einiges an Geldstrafe fällig.

Eines Samstags kam Masseur Wolfgang Frey zu seinem Auto – Räder herunten, aufgepackelt! Frey arbeitete im Schweiße seines Angesichts, kam gerade noch rechtzeitig zur Besprechung – mit kohlrabenschwarzen Händen und dreckverschmierter Kleidung, aber doch. Er versuchte, sich seine Wut nicht anmerken zu lassen. Aber das konnte nicht ungesühnt bleiben. Am nächsten Tag vertauschte Frey den Spielern während des Trainings die Schlüssel ihrer Autos – beim einen runter vom Schlüsselbund, beim nächsten wieder rauf!

Die Austauschaktionen, die Suche nach dem richtigen Schlüssel fürs richtige Auto, dauerten nachher Stunden. Frey genoss es still. Für den Rekord sorgte Raimund Hedl. Er musste von Frey gezählte sieben Mal zurückgehen, bis er wegfahren konnte!

Ein echter Scheich geht nicht unter

Bewegungstalent mit Rucksack

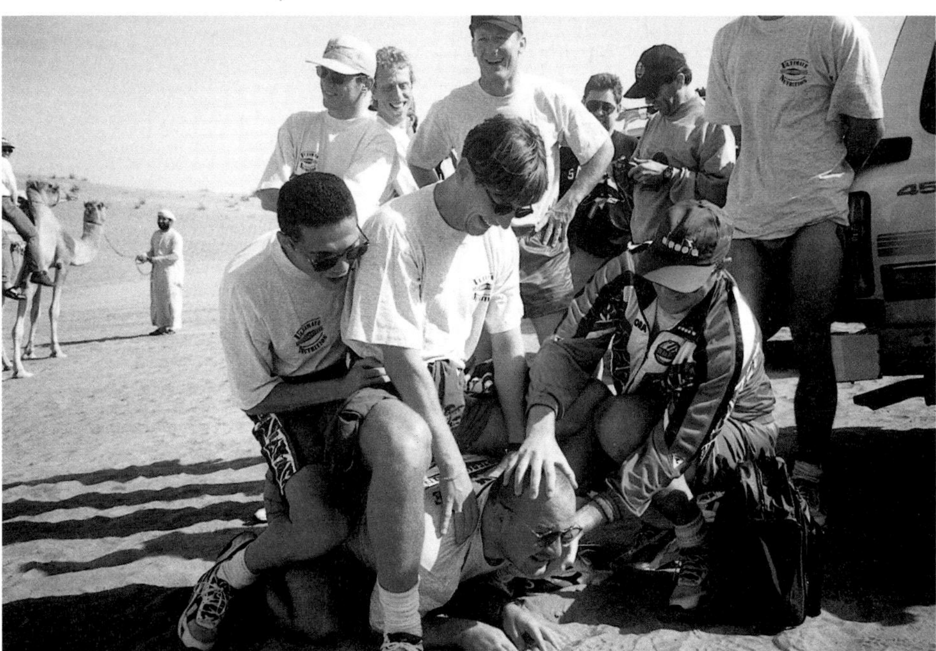

Kamelritt anderer Art – der Masseur als Wüstenopfer

Schrauben mit Schlagobers

Rapid hatte zu einem Mannschaftsessen in einem Lokal im zehnten Bezirk eingeladen, Robert Lugscheider kam mit seinem neuen Mercedes. Da fiel natürlich einigen ein, das Auto aufzupackeln und ihm zwei Reifen überhaupt wegzunehmen. Die Schrauben nahmen sie mit ins Lokal, gingen zum Koch, baten ihn, diese in der speziellen Nachspeise für ihren Arzt zu „verarbeiten“. Die Nachspeise sah schön aus: Ananasscheiben, viel Schlagobers drüber, dazu Hohlhippen und Waffeln. Dass da schwarze Schrauben hervorschauten, fiel dem ahnungslosen Lugscheider anfangs nicht auf. Er begann zu essen. Auf einmal kam er zur ersten Schraube. Schaute, aß weiter, kam zur zweiten Schraube. Die Spieler taten empört, riefen den Koch: „Das kann's doch nicht geben, Schrauben in der Nachspeise – ein Skandal!“ Der Koch entschuldigte sich vielmals. Lugscheider ließ es sich weiter schmecken. Nach der vierten Schraube meinte Wolfgang Frey mitfühlend: „Doktor, die seh'n ja wie Mercedes-Schrauben aus!“ Lugscheider: „Nein, nein, Mercedes-Schrauben sehen anders aus!“ Als er dann zum Auto kam, sah er die Bescherung – er mußte mit dem Taxi heimfahren. Aber die Spieler hatten so viel Anstand, dass sie ihm die Reifen am nächsten Tag nach Hause lieferten ...

So begann die Lugscheider-Karriere bei Rapid: Als Kartenkiebitz hinter Funki.

Weiter ging's unter anderem auch als Tennisrowdy – beim Match der Giganten 1995 in Eingedi gegen den von Funki hervorragend gecoachten Masseur Wolfgang Frey, der zu den Klängen der Kennmelodie von Boxchampion Henry Maske einmarschierte.
Im erbittert umkämpften dritten Satz drehte Michael Konsel das Licht ab – am nächsten Tag endete alles mit einem Eklat. Der „Doc" warf das Racket fort.

Kennzeichen am Zaun

Nicht der einzige Autostreich, der Lugscheider gespielt wurde. Mittwochnachmittag war er fast schon traditionell beim Training im Hanappi-Stadion, verabreichte den Spielern Infusionen, stellte sein Auto am Spielerparkplatz ab, fuhr mit dem Auto wieder normal nach Hause, bemerkte nicht, dass die Spieler ihm die Kennzeichen abmontiert hatten. Die hingen nämlich unbeachtet oben am Zaun des Parkplatzes. Wer schaut dort schon nach Nummerntafeln?

Am nächsten Tag brachte Lugscheider seinen Sohn morgens in die Schule. In der Maroltingergasse hielt ihn aber eine Funkstreife auf: *„Wissen Sie, dass bei Ihnen die Kennzeichen fehlen?“* Lugscheider stand vor einem Rätsel. Sollte gar in der versperrten Garage, in der über Nacht sein Auto stets parkte, schon gestohlen werden? Das konnte er sich nicht vorstellen. Da fiel ihm ein, dass er tags zuvor ja im Hanappi-Stadion war.

Also rief er schon recht zornig Masseur Wolfgang Frey an: *„Wolferl, weißt du was von Nummerntafeln?“* Der stellte sich ahnungslos: *„Nein, ich weiß eigentlich nichts!“* Aber irgendwie kam dann doch heraus, dass da Kennzeichen oben am Zaun hingen und dies ein Werk der Spieler war. Als einzige Buße wurden die Nummerntafeln nach Hause geliefert. Lugscheider musste noch auf die Polizei, sie herzeigen und überprüfen lassen ...

Dr. Lugscheider zum Verwechseln ähnlich – der Engel der „Kelly-Family“.

TAURUS

HOLiday 24
Just enjoy it.

Ihr Aufguss bitte!

Ärzte feiern besonders intensiv: Andreas Mondl, Robert Lugscheider und Benno Zifko nach dem Cupsieg 1995 beim „Fuhrgassl-Huber" in Neustift.

Ein Arzt ist ja immer zur Hilfe verpflichtet. So reagierte Lugscheider prompt, als er in der Rapid-Kabine bei Wolfgang Frey war und auf einmal aus der Sauna Hilfeschreie hörte: „Doktor, Doktor, kommen s' g'schwind. Dem ist schlecht worden, der is' umg'fallen!" Einer markierte. Kaum war Lugscheider mit Kleidung in der Sauna, um Erste Hilfe zu leisten, war es mit der Übelkeit vorbei. Alle stürmten aus der Sauna, Lugscheider war in voller Montur alleine drinnen. Die Tür wurde von außen so blockiert, dass sie unmöglich zu öffnen war. Der Saunaofen glühte, „Ihr Aufguss, bitte!" Lugscheider: „Ich hab' geschwitzt wie ein Trottel!" Und die Spieler standen vor der Saunatür und versicherten ihm lachend: „Bei uns ist's wirklich angenehm kühl!"

Klar, dass er wütend mit Vergeltung drohte. Die kam eine Woche später. Sie traf Jovanovic, der in der Sauna den „sterbenden Schwan" markiert hatte. Lugscheider nahm während des Trainings sämtliche Kleidungsstücke von Jovanovic und steckte sie einfach in die Tiefkühltruhe. Zuvor machte

er sie unter der Dusche noch nass. Nach einem Fingerzeig von Frey fand dann Jovanovic nach langem Suchen sein Gewand, das sich inzwischen in einen steinharten Eisklumpen verwandelt hatte. Jovanovic musste sich vom Zeugwart Ersatzkleidung für den Heimweg ausborgen. Rache voll gelungen!

Der vorläufige Höhepunkt der Lugscheider-Karriere in Hütteldorf: Als legendärer Vorstandsvorsitzender verdrängte er den berühmten Dionys Schönecker von der Wand. Wenn es seine Zeit erlaubt, nimmt sich Sportmanager Dokupil einige Minuten zur Huldigung ...

Nur mit Müh' und Not fing trotz Superfitness Hans Meyer sein Geburtstagsgeschenk in der Kabine ein. Michael Konsel jagte die Sau sogar mit Tormannhandschuhen, ehe sie eine Verwüstung anrichtete. Nicht die einzige – die nächste folgte nach dem Abtransport in Meyers Auto.

Zum Geburtstag eine Sau!

KONDITIONSTRAINER Hans Meyer staunte in der „Aufbruchsära" Rapids im Frühjahr 1995 nicht schlecht, als er an seinem Geburtstag in die Kabine kam. Die ganze Mannschaft war feierlich angetreten, auch der Trainer, und überreichte ihm ein Präsent – eine kleine Sau! Die zischte gleich wie wild in der Kabine herum – Meyer hatte alle Mühe, sie einzufangen und war irgendwie erleichtert, als ihm Dokupil großzügigerweise freigab, um sein Geburtagsgeschenk zu versorgen, denn Meyer hatte nach dem Training einen Termin auf der Universität.

Also nahm er die Sau mit ins Auto. Kaum war sie drinnen, schiss sie das Auto komplett voll. Meyer: *„Mit einer Hand hab' ich sie halten müssen, mit der anderen hab' ich gelenkt, die Fenster waren offen, so bin ich gefahren!"* Meyer suchte knapp außerhalb von Wien einen Bauernhof als Quartier für seine Sau. Erst der dritte Bauer nahm sie ihm ab – nach langem Verhandeln. Nach drei Jahren wurde die „Rapid-Glückssau" geschlachtet. Ein Jahr lang hielt Meyer aber vor der Mannschaft geheim, was die Sau alles in seinem Auto auf der Fahrt zum Bauernhof angerichtet hatte ...

KOBRA ERMITTELT!

Meyer wurde vor drei Jahren in Lustenau Opfer einer „konzertierten" Aktion von Dokupil und Feurer, die dem Rapid-Urgestein Peter Schöttel von seinen vielen Jahren in Grün-Weiß immer nachhaltig in Erinnerung bleiben wird: „Wir sind nach Lustenau geflogen, haben im Flugzeug in der Kronen-Zeitung ein Phantombild eines gesuchten Verbrechers gesehen. Der sah Hans Meyer wirklich verblüffend ähnlich!"

In Lustenau ging Meyer vor dem Match mit einigen Spielern am Platz herum, saß danach allein auf der Betreuerbank. Inzwischen ging Feurer zu den Kobra-Polizisten, die wegen der vielen Rapid-Fans im Reichshofstadion Dienst machten und sagte ihnen: „Schaut's euch den Mann an, der allein bei der Betreuerbank steht. Der schaut wie das Phantombild des gesuchten Verbrechers aus!"

Die Amtshandlung begann. Rasch kamen zwei „Kobras" zu Meyer, salutierten, forderten ihn bestimmt auf, sich auszuweisen, fragten ihn, wer er denn sei und was er da zu tun habe. Die Spieler, Dokupil und Feurer schauten plötzlich weg, Meyer stand ganz allein: „Die Polizisten haben ihn minutenlang verhört, der Hans wurde schon richtig unsicher, dem war das fürchterlich unangenehm. Für uns war es sehr lustig, bis sich alles aufklärte", erinnert sich Schöttel. Böse Zungen bezeichnen die von Feurer inszenierten Kobra-Ermittlungen gegen den armen Meyer sogar als „Missbrauch der Staatsgewalt".

Die Strafecke

IN DEN NEUNZIGERJAHREN vollbrachte Michael Konsel wahre Wundertaten im Rapid-Tor. Mit ein Grund für die Weltklasseleistungen mit über Dreißig war sicher auch, dass Konsel seinen Körper hegte und pflegte und unter anderem im Trainingslager zweimal am Tag die Dienste des Masseurs in Anspruch nahm – Massagen waren beim Rapid-Kapitän im Tor sehr gefragt.

Also zählte Konsel zu den besonderen Lieblingen von Wolfgang Frey, der sich daraufhin mit Feurer beriet: „Fällt dir irgend etwas ein, damit der Michel nicht so oft zu mir kommt"? Feurers Antwort: „Ich ernenn' dich zum Assistenten beim Tormanntraining, du hast die Strafecke über!" Für jeden Ball, den die Torhüter bei speziellen Übungen nicht fingen, mussten sie in die Strafecke.

Als Erster kam Konsel dorthin – zwanzig Strecksprünge. Der zweite Tormann, Raimund Hedl, kam günstiger davon – nur zweimal in die Hände klatschen. Frey: „Da hat der Konsel schon leicht schief g'schaut!" Dann ein Schuss Feurers ins Kreuzeck – normal nicht zum Halten. Konsel hielt ihn doch, konnte aber den Ball nicht fangen – also wieder Strafecke. Dort hatte Frey inzwischen Hürden aufgestellt. Konsel musste je fünfmal drüber und drunter – am Ende der letzten Hürde war auch ein schöner „Gatschfleck". Hedl musste aber nur eine Kniebeuge machen, damit war es getan.

Das ging so weiter bis Konsel total wild war, gegen Frey ausfällig wurde und ihn davonjagte. Frey störte das nicht: „Er hat drei Tage kein Wort mit mir gesprochen, kam drei Tage nicht zur Massage. So hat alles seinen Zweck erfüllt, ich hatte meine Ruhe."

Frisch gestärkt inspizierte Frey die Hürden für Konsel in der Strafecke. Der machte zunächst noch gute Miene zum bösen Spiel – aber danach brauchte er neben „Büffel" Christian Stumpf die Beruhigungspfeife ...

BEI EINEM TRAININGSLAGER im „Sporthotel Kurz“ in Oberpullendorf machte Frey in einer gemeinsamen Aktion mit Zeugwart Johnny Ramhapp alle wütend. Bereits vor sieben Uhr früh mussten die Spieler zum Waldlauf – davon waren sie nicht begeistert. Frey und Ramhapp verabredeten nach einer Woche eine gemeinsame Aktion, die für Abwechslung sorgen sollte. Sie stellten schon um sechs Uhr früh Ledercouch und Glastisch auf den Balkon, ließen Sekt, Lachs, etc. auffahren, setzten sich im Bademantel in die Morgensonne, lasen provokant die Zeitung und tranken ein Glas Sekt. Die Spieler mussten am Weg zum Morgentraining mit noch verschlafenen Augen am Schlemmertisch vorbei, raunzten dementsprechend. Die coole Antwort Freys: *„Hätt's was g'lernt, ihr Trotteln. Geht's halt wieder ein biss'l laufen!“*

WENN MICHAEL KONSEL das Gefühl hat, dass man ihm nicht den gebührenden Respekt entgegenbringt, kann er fuchsteufelswild werden. So war er einmal zu seinen besten Zeiten auch nach einem Anruf im Rapid-Sekretariat außer sich. Als er die Telefonnummer von Wolfgang Frey, bei dem er sich wieder für einen Extratermin anmelden wollte, nicht fand, rief er im Sekretariat an, meldete sich: „Hier spricht Michael Konsel. Könnt' ich bitte die Telefonnummer von Herrn Frey haben?“
Zu seinem Pech war dort eine neue Telefonistin, die mit Fußball zuvor nichs zu tun hatte. Daher fragte sie: „Wer spricht bitte?“ Darauf der Rapid-Kapitän, schon leicht gereizt: „Michael Konsel!“ Auch im zweiten Anlauf bekam Konsel nicht die gewünschte Nummer. Im Gegenteil, es wurde für ihn noch ärger, weil die Telefonistin bat: ***„Könnten Sie mir Ihren Namen buchstabieren?“*** Konsel war außer sich, fix und fertig. Was kaum ein Gegner am Spielfeld schaffte, brachte eine Telefonistin zu Stande ...

Im Fauteuil machten es sich Masseur Wolfgang Frey und Zeugwart Ramhapp zum Sektfrühstück gemütlich, als die Spieler im Trainingscamp frühmorgens raus mussten.

Anrufe aus Dubai

MITUNTER nahmen sich die „Daltons“ auch untereinander selbst aufs Korn, wenn ihnen nichts Besseres einfiel. Trainingslager Dubai, freier Nachmittag. Einige nutzten das zu einer Einkaufstour in eines der riesigen Einkaufscenter, auch am Goldmarkt war günstig einzukaufen. Didi Kühbauer unterwegs mit Sergej Mandreko im Taxi zurück ins Hotel. Der Taxifahrer spricht deutsch, scheint aber vom „anderen Ufer“ zu sein, hatte einen anderen Blick, schien sich in Kühbauer Hals über Kopf „verliebt“ zu haben. Denn plötzlich sagte er ihm: „Ich würde gerne zu dir kommen, würde alles für dich tun, würde einkaufen und bügeln, du müsstest dich um nichts mehr kümmern, ich bin so ein Typ.“ Mandreko lachte, Kühbauer spielte mit: „Ja, eine Superidee, das würde mich interessieren!“ Als Kühbauer ausstieg, lief ihm der Taxifahrer nach und sagte: „Was ist jetzt? Ich will kommen!“ Kühbauer: „Ich geb' dir meine Adresse und meine Telefonnummer“. In Wahrheit gab ihm Kühbauer die von seinem Freund Mandreko. Der kam nach einer Woche zu seinem Freund, sagte ihm: „Didi, ich verstehe das nicht. Ich kriege jede Nacht Anrufe. Und irgendwer sagt da immer – wie der Taxifahrer in Dubai: ‚Ich komme zu Dir, ich tue alles für Dich!' “ Erst nach einigen Tagen gelang es Mandreko, den nächtlichen Anrufer aus Dubai durch heftigste Schimpftiraden zu vergrämen. Dann gab Didi alles zu: „Sergej, sei mir nicht bös‘, ich hab' dem Taxler deine Nummer gegeben!“ ...

Begnadeter Stimmenimitator Zoki Barisic – Feyenoord-Präsident in der Pizzeria

IN DER ZEIT rund um das Europacupsemifinale 1995 gegen Feyenoord gingen Kühbauer und Barisic eines Abends in eine Pizzeria. Weil ihnen fad war, berieten Sie: „Wen rufen wir an?“ Kühbauer kam die zündende Idee: „Wir rufen den Toni Polster an, spielen ihm ein Angebot von Feyenoord vor!“ Kühbauer hatte die Handynummer seines Freundes Polster, Barisic meldete sich als Feyenoord-Präsident Jorien van den Herik (in Wahrheit ein Glatzkopf, der Anfang fünfzig ist), sprach perfekt mit holländischem Akzent, besser als es der ehemalige Feyenoord-Legionär Franz Hasil je gekonnt hätte: „Hier spricht Jorien van den Herik. Feyenoord will den großen Spieler Toni Polster verpflichten. Hätten Sie Interesse?“ Darauf Polster: „Es ehrt mich, dass ich bei

Sie träumen von Anrufen aus Dubai: Sergej Mandreko und Didi Kühbauer

einem Klub wie Feyenoord im Gespräch bin. Älter bin ich auch schon, da lässt sich schon etwas machen. Aber in Geldfragen müssen's mit dem Doktor reden. Ich geb' Ihnen die Nummer!" Mit Doktor war sein Wiener Anwalt Skender Fani gemeint. Barisic als Van den Herik mit Akzent: „Ja, aber haben Sie Interesse?" Darauf Polster: „Natürlich, Feyenoord ist ein Bombenklub. Es ist mir eine Ehre, das könnt' ich mir schon vorstellen. Aber da müssen's mit dem Herrn Fani reden!" Das ging so zehn Minuten weiter, bis Barisic seinem Freund Kühbauer, der mitgehört hatte, das Telefon übergab, damit der alles auflöse. Kühbauer rief: „Servas, Toni, wie geht's dir?" ins Telefon. Polster war total überrascht, welche Stimme er da unerwartet hörte, fragte nach kurzer Nachdenkphase perplex zurück: „Was, Didi, du gehst auch zu Feyenoord?"

Kühbauer konnte Polster nur mit Mühe vom Gegenteil überzeugen. Heute beteuert Polster, alles durchschaut und nur zwecks Theater mitgespielt zu haben. Aber es gibt nicht viele, die ihm das abnehmen. Bei diesem Stimmenimitator ...

Das nächste Derby

Mitunter pfeifen die Rapid-Fans auch ihre Lieblinge aus. Damit musste einmal die Stimme in Grün-Weiß, Andy Marek, leben. Im Herbst 1994 war es, als ihm während der Pause eines Meisterschaftsspieles Gaby Fröschl aus dem Sekretariat die Mitteilung brachte, dass Manager Werner Kuhn soeben entschieden habe, das nächste Derby gegen die Austria in zwei Wochen nicht am Samstag, sondern am Sonntag auszutragen. Er solle das bitte den Leuten via Platzmikrofon bekanntgeben.

Platzsprecher Marek nahm einen Anlauf: „Also, meine lieben Damen und Herren, das nächste Derby ... usw.“ Beim Spieltermin Sonntag ging ein Raunen

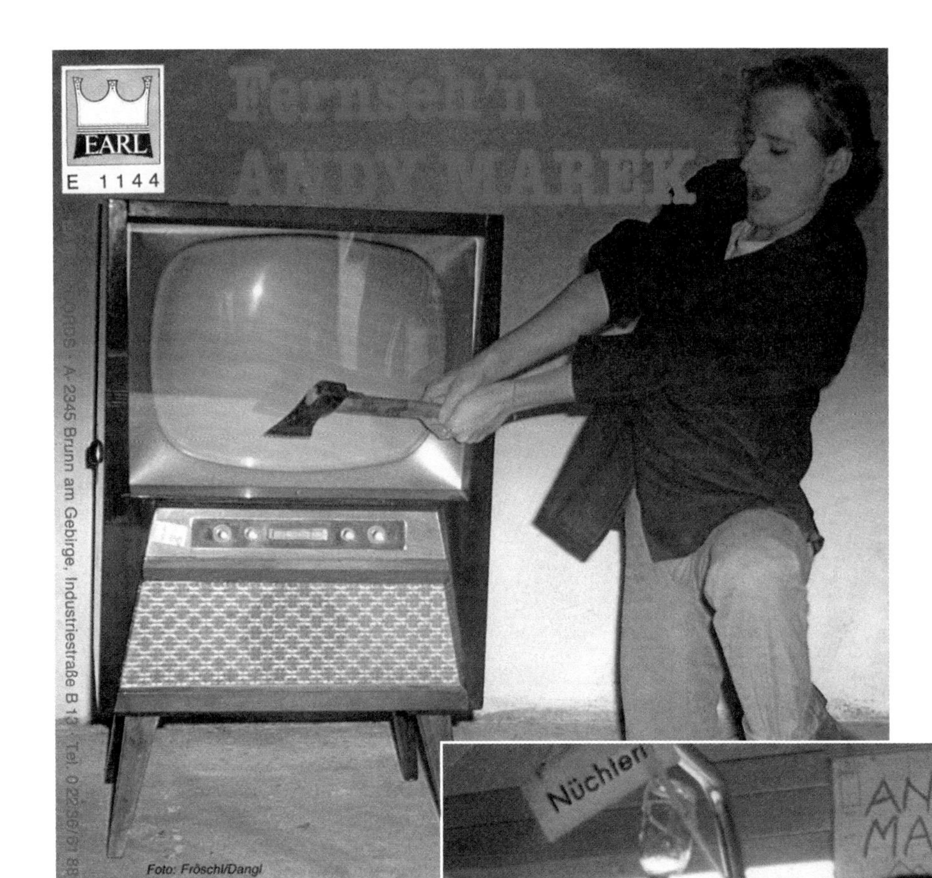

Bevor Andy Marek mit seiner unvergleichlichen Stimme Hütteldorf heimsuchte, versuchte er vergeblich, auf der Schallplatte Karriere zu machen. Für seine Aufnahmen werden heute noch Liebhaberpreise geboten. Speziell im Waldviertel. Wegen der gewagten Covers.

durch die 10.000 Zuschauer, bei der Durchsage der Anpfiffzeit, nämlich 10.30 Uhr, die Marek gar nicht richtig beachtet hatte, folgte ein gellendes Pfeifkonzert. Marek war am Boden zerstört, wusste nicht, wie ihm geschah, glaubte, dass die Pfiffe ihm galten und konnte nur in mühsamer Kleinarbeit vom Gegenteil überzeugt werden. Richtig versöhnt war er erst, als zur Derbymatinee 15.000 Zuschauer kamen und Rapid 3:1 gewann.

Andy wie er leibt und lebt

Danach tobte der damalige Austria-Trainer aus Ostfriesland, Egon Coordes, wegen des ungewohnten Termins. Als ihm die leider viel zu früh verstorbene Reporterlegende mit dem grün-weißen Herz, Karl P. Koban, entgegenhielt, dass auch schon früher oft Sonntagvormittag gespielt wurde, antwortete Coordes in seiner schnoddrigen Art: ***„Früher hat man auch über die Planke geschissen“ ...***

ANDY MAREK, EIN RAPIDLER aus dem Waldviertel mit Herz und Seele – mitunter raubt er aber auch Rapid-Spielern Illusionen und Selbstvertrauen. In Mareks Büro lag auf dem Schreibtisch eine Mini-Rapid-Dress mit der Nummer drei, darunter stand der Name Lukas. Oliver Freund kam ins Büro, sah die Dress, sagte mit stolzgeschwellter Brust: „Na, ein Fan von mir, der will meine Rückennummer!“ Daraufhin musste ihm Marek sagen: „Nein, Oli, die Dress ist für meinen Sohn Lukas, der seinen dritten Geburtstag feiert!“ Freund brauchte lange, um sich von diesem moralischen Tiefschlag zu erholen ...

IN ERNST DOKUPILS TRAINERÄRA besorgte Marek immer den ersten Aufbaugegner für das Stadthallenturnier. Gegen die Mannschaft aus seiner Heimatgemeinde Groß-Siegharts schießt sich Rapid immer am Vormittag des Heiligen Abends zwischen den Banden ein. Einmal gab's ein 23:1. Die schwer geschlagenen Sparringpartner schlichen hängenden Kopfes zum eine Minute entfernten Gasthaus des Rapid-Fans Kurt Mader. Der fragte besorgt: „Warum schaut's denn so deprimiert?“ Antwort: „Wir haben gerade 1:23 verloren!“ Mader entgegnete: „Macht's Euch nichts draus. Letztes Jahr sind welche gekommen, die 0:28 verloren haben!“ Damit konnte Mader keinen Trost spenden. Denn er hörte den Satz: „Des waren auch wir!“ ...

Der Sensationstransfer

ZUM 100JÄHRIGEN JUBILÄUM im Jahr 1999 schenkte sich Rapid einen Weltstar – Dejan Savicevic, der damals bei Roter Stern Belgrad spielte. Sportdirektor Ernst Dokupil schickte seinen Assistenten Stefan Ebner nach Jugoslawien. Das war nur via Auto zu erreichen, denn in Jugoslawien herrschte Krieg. Kurz zuvor gab's noch das Bombardement von Belgrad durch die NATO-Flugzeuge. Zuerst sollte Ebner Savicevic in Novisad treffen – doch der hatte dort nur zehn Minuten Zeit, zitierte ihn für den nächsten Tag nach Belgrad, quer durchs Kriegsgebiet. In Novisad waren die Brücken über die Donau zerschossen. Alle 20 Minuten war Militärkontrolle. Ebner musste aus dem Auto raus. Als er einen Rapid-Wimpel verschenkte und den Namen „Savicevic" fallen ließ, ging die Fahrt immer sofort weiter.

IN BELGRAD versetzte Savicevic Ebner am ersten Tag dreimal, vertröstete ihn immer wieder auf den nächsten Termin. Damit gefährdete „Il Genio" ein junges Glück. Denn Ebners Freundin war erst vor kurzem von München, wo er sie anläßlich des UEFA-Cup-Spiels Rapid gegen 1860 zwei Jahre vorher kennengelernt hatte, nach Wien übersiedelt. Und ihr hatte Ebner vor der Abreise gesagt: „Es dauert nur einen Tag!" Mit jedem Anruf in Wien, dass es doch länger dauern könnte, stieg das Misstrauen der Freundin. Wo war Stefan wirklich?

SCHLIESSLICH dauerte es in Belgrad fünf Tage, bis der Vertrag mit Savicevic fixiert war. Für Frauen schwer vorstellbar. Und als Ebner endlich nach Wien hätte fahren können, hatte er kein Benzin mehr im Auto. In Belgrad waren damals alle Tankstellen geschlossen, Benzin gab's nur gegen Sondermarken. Schließlich gelang es, mithilfe von Savicevic-Tips, Roter Stern Belgrad und Militär, am Schwarzmarkt 20 Liter Benzin um 2000 Schilling zu kaufen, um damit bis nach Ungarn zu kommen. Wie in Agentenfilmen – allerdings mit Happy End. Auch wenn Dokupil seinen Assistenten in Wien mit den Worten empfing: „Super gemacht, es wär mir lieber gewesen, der Savicevic wäre schon statt dir gekommen!" Wie ihn die Freundin empfing, bleibt Ebners Geheimnis. Sie dürfte ihm geglaubt haben – sie sind noch immer ein Paar ...

Ein Steirer in Belgrad: Stefan Ebner

Das Heilige Land Tirol

ZU DEN PUBLIKUMSLIEBLINGEN in Hütteldorf gehören zwei Tschechen – Torhüter Ladi Maier und Torjäger René Wagner. Maier verblüffte schon bei der Wohnungssuche, als er bei einer, die ihm gezeigt wurde, sagte: „Die kenn' ich schon von früher, die hab' ich selbst ausgemalt!" Bevor er seine Profikarriere begann, wurde Maier mitunter als Maler in den Westen vermittelt, aber dabei nicht immer korrekt ausbezahlt.

Wagner wundert sich des Öfteren, was man in Österreich so erleben kann. Da sitzt er mitunter nur kopfschüttelnd da. Etwa bei den Autobuserlebnissen im Heiligen Land Tirol. Zu Mittag wusch der Chauffeur seinen Bus noch blitzsauber. Rapid gewann im Tivoli-Stadion eine heiße Partie, was die Wut der enttäuschten Tirol-Ultras hervorrief. Sie beschmierten den Bus, schütteten Bier darauf und schlugen gegen den Bus. Als der Bus mit der Mannschaft langsam

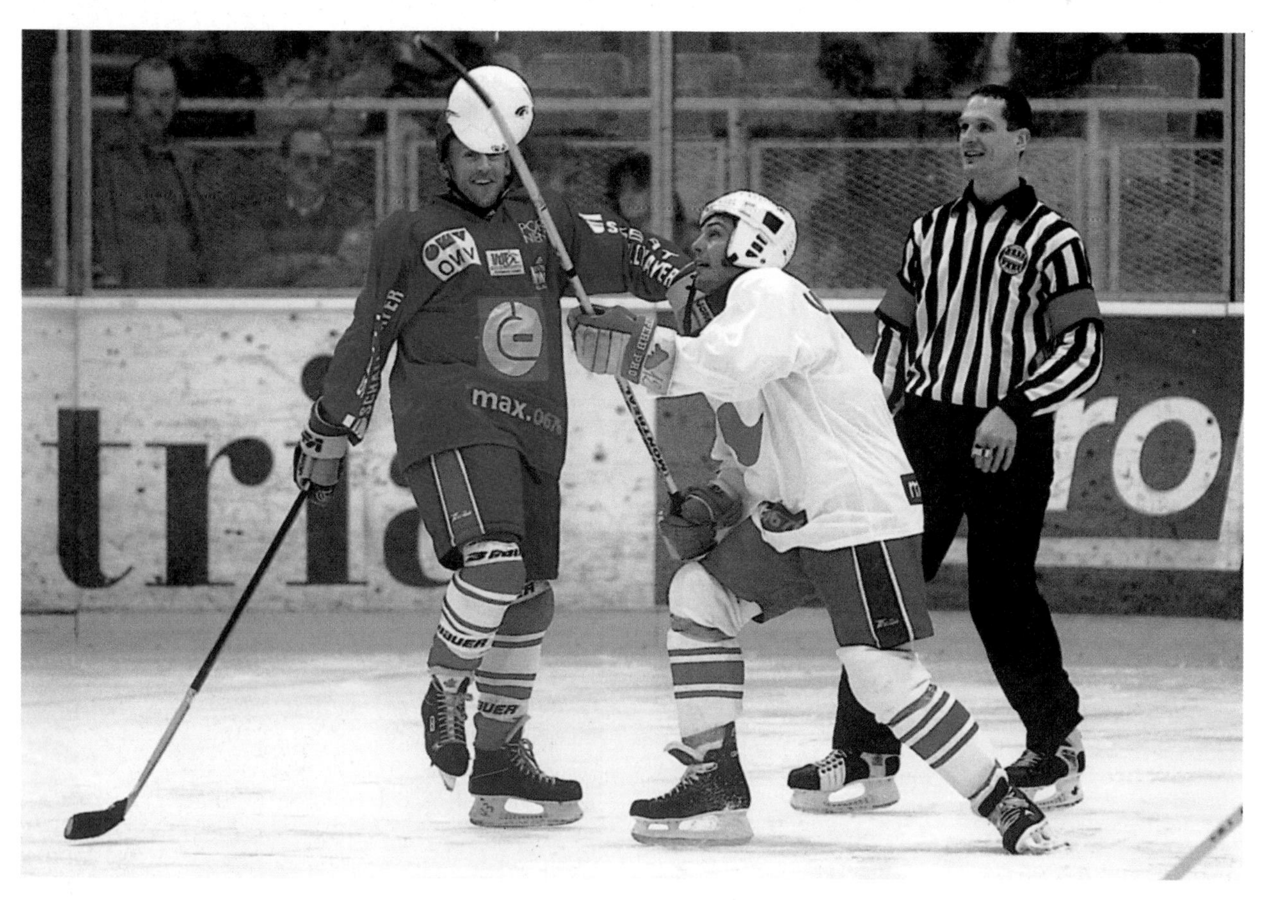

Hoher Stock – auch tschechische Fußballer beherrschen Eishockeytricks: Rene Wagner gegen Michael Streiter.

aus dem Stadion rollte, liefen zwei Fans in vollem Tempo hinterher. Der wütende Chauffeur stieg plötzlich auf die Bremse, der Bus blieb augenblicklich stehen – die Tirol-Ultras liefen mit dem Kopf gegen den Bus, fielen wie ein Stück Holz um ...

EIN WEITERES MAL brachte eine andere Chauffeur-Aktion alle zum Staunen oder auf die Palme oder zum Lachen. Vormittags auf der Fahrt ins Tivoli-Stadion zum Auflockerungstraining. Vor einer Ampel glaubte der Buschauffeur, dass ein Auto rechts vor ihm stünde und ordnete sich hinter ihm ein. Der Bus stand zwei Rotphasen bei der Ampel, bis die Spieler den Chauffeur aufklärten: „In dem Auto vor uns sitzt ja keiner drinnen!"
Am Abend die Fahrt zum Spiel. Bei der gleichen Kreuzung wieder Rot – wieder ordnete sich der Bus ein. Hinter demselben Auto wie am Vormittag. Nach der zweiten Rotphase ein Aufschrei: „Da sitzt noch immer keiner drinnen!" ...

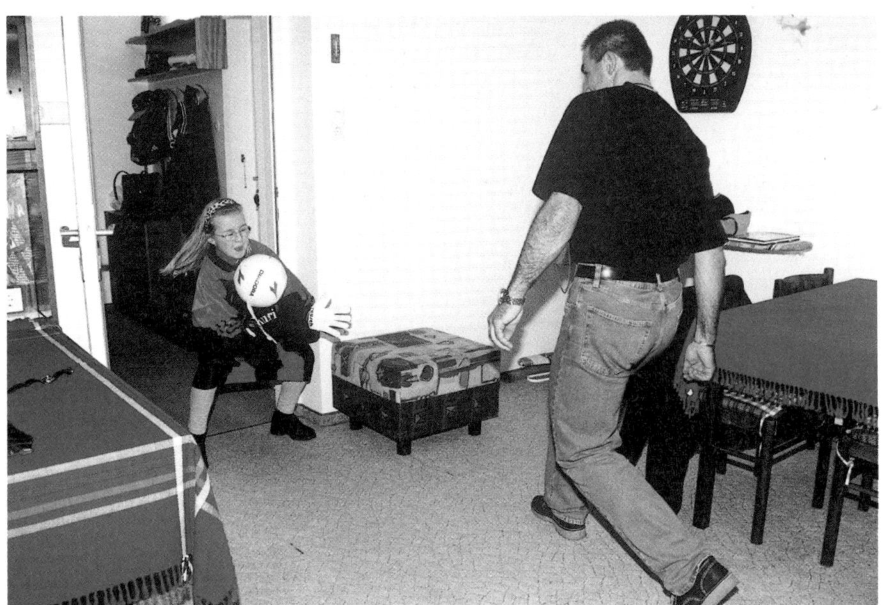

Spezialtraining von Ladi Maier in seiner Wohnung für Tochter Veronika.

Haut's eich in

„Im Training hab' ich einmal Alkoholiker meiner Mannschaft gegen Antialkoholiker spielen lassen. Die Alkoholiker gewannen 7:1. Da hab i' nur mehr g'sagt: Sauft's weiter!"
(Max Merkel)

„Die wissen nicht einmal, dass im Ball Luft ist. Die glauben doch, der springt, weil ein Frosch drin ist."
(Max Merkel über Funktionäre)

„Spieler verdienen kein Lob. Sie müssen täglich die Peitsche im Nacken spüren"
(Max Merkel)

Aus Dänemark habe ich nur Eier und Butter geholt, aber keine Fußballer.
(Max Merkel)

Schnee!

... UND WAS RAPIDLER SONST NOCH SAGTEN:

„Wann s' reden wollen, müssen s' Staubsaugervertreter werden. Ich brauch' nur Fußballer!"
(Ernst Happel als Tirol-Trainer zu seinem Star Hansi Müller, der ein Gespräch forderte)

„Haut's eich in Schnee!"
(Ernst Happel zu Reportern im Sommer)

„Haut's eich in Koks!"
(Ernst Happel zu Reportern im Winter)

„Ich muss versuchen, die Mannschaft so zu formen, dass wir gleich im ersten Spiel, auf jeden Fall aber so schnell wie möglich punkten“
(Hans Krankl als Rapid-Trainer)
„Wir müssen gewinnen, alles andere ist primär“
(Hans Krankl als Rapid-Trainer)
SCHORN
HANS KRANKL

„Ja, der FC Tirol hat eine Obduktion für ein drittes Jahr auf mich!“

(Peter Pacult, jetzt Co-Trainer bei 1860 München, 1986 in einem TV-Interview mit Gerhard Zimmer nach seinem Transfer von Rapid zum FC Tirol)

„Des is halt so passiert. Da kann man halt nichts machen!“

(Peter Pacult 2000 zum Versprecher von 1986)

„Vielleicht liegt das Geheimnis unseres Erfolges darin, dass mich meine Spieler nicht verstehen".

(Bernd Krauss als Trainer Didi Kühbauers in Spanien bei Real Sociedad)

„Wir wollten unbedingt einen frühen Rückstand vermeiden. Das ist uns auch gelungen. Der VfB Stuttgart hat in den ersten zweieinhalb Minuten kein Tor geschossen."

(Bernd Krauss als Mönchengladbach-Trainer)

„Ab der 60. Minute wird Fußball erst richtig schön. Aber da bin ich immer schon unter der Dusche!"

(Andi Herzog bei Bayern, als er meist recht früh ausgetauscht wurde)

„Was Sie da sagen, ist für die Würste!“
(Didi Kühbauer im Frühjahr 1995 nach dem 1:1 gegen Austria zu ORF-Reporter Andreas Geistlinger, als der ihn vor laufenden Kameras zu einer Schlägerei im Kabinengang während der Pause befragte. Beide sind Burgenländer).

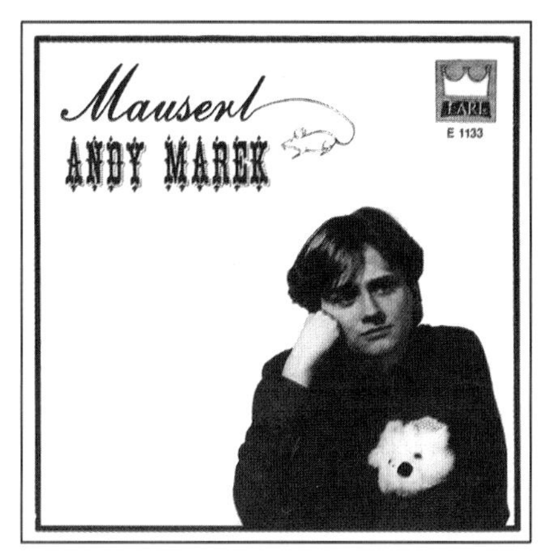

„Achtung! Der Heilige Abend ist am 24. Dezember!“
(Die Rapid-Stimme Andy Marek am 23. September 2000 zu Ernst Dokupil, als sie den Trainingsplan vor dem Stadthallenturnier besprachen)

„Der Krankl und die Spieler, die reden alle von der Zukunft. Ich hab' die Zukunft no net g'sehn!“
(Franz Hasil)

DANK AN:

Alle Ex- und jetzigen Spieler des SK Rapid

Oskar Buschek
Ernst Dokupil
Claudia Eichberger
Manfred Ergott
Dieter Erla
Sandra Feurer
Wolfi Frey
Gaby Fröschl
Harry Gartler
Peter Klinglmüller
Heimo Kraus
Werner Kuhn
Mag. Lipukod
Peter Linden
Andreas Marek
Mag. Philipp Newald
Peli
Clemens Pieber
Hans Ramhapp
Willi Sotsas
Manfred Iron Stix
Alexander Strecha

FOTOS:

Diener
Frey
Gradwohl
Mama Herzog
Judt
Keller
Kernmayer
Maislinger
Mrozowski
News
Plankenauer
Perszem
Privatfotos der Spieler
Vroni Ramhapp
Schrammel
Sündhofer
Votava
Zolles

KARIKATUREN:

Schorn

Bis Redaktionsschluß nicht eruierbare Rechte-Inhaber mögen sich mit dem Autor in Verbindung setzen.

Lust auf Wien
KINDER
STADT
Anzeige: PID Wien, Fotos: Kullmann/PID, ÖW/PID
MAG ELF-NR. 40 00 / 80 11
wien.online: www.wien.gv.at/

... und heute noch schlägt dem Anhänger das Herz schneller, wenn die Rapid ruft, werden die Handflächen feucht, wird das Gefühl im Bauch mulmig und der Mund fließt über von dem, was das Herz sagen will: **Rapid.**

(aus: „100 Jahre Rapid")

Rapid ruft: Werden Sie Mitglied. Jetzt.

Telefonische Kartenbestellung: 01 / 544 544 0

Rapid sagt: Danke!

homepage: www.skrapid.at

Nicht nur „Wuchteln“, ...

... sondern auch die Rapid-Chronik ist beim Verlag Oskar Buschek erschienen. Das ultimative Nachschlagewerk in Sachen Rapid ist das ehrgeizige Werk des Grün-Weiß-Fans Roland Holzinger, der mehr als zehn Jahre seines Lebens dafür geopfert hat, seinen Lebenstraum zu erfüllen.

... IN BILDERN UND ANEKDOTEN ...

Das Material, das Roland Holzinger für diese Chronik zusammengetragen hat, ist einzigartig. Bilddokumente aus den letzten 100 Jahren, noch nie veröffentlichte Aufnahmen, längst vergessene Pokale und Abzeichen – aus der unglaublichen Fülle wurde für dieses Buch eine Auswahl von 1006 Abbildungen getroffen, die jedem Fan das Herz höher schlagen läßt.

... IN ZAHLEN & TABELLEN ...

Rund 6000 Spiele wurden für diese Chronik erfaßt und ausgewertet – und zwar gründlichst. Sämtliche Spiele von 1899 bis 1999 wurden chronologisch und nach Bewerben getrennt erfasst. Und zwar nicht nur die Pflichtspiele, sondern auch die nationalen und internationalen Freundschaftsspiele.

Dieses Buch widme ich den Rapid-Fans, die uns das ganze Jahr hindurch unterstützen!

Herbert Feurer